対馬10
平戸新田1
平戸6
五島1
長崎県
唐津6
佐賀県
小城7
佐賀36
蓮池5
福岡県
福岡47
久留米21
柳河12
三池1
小倉新田1
小倉15
秋月5
清末1
長府5
長州37
山口県
津和野4
浜田6
島根県
松江19
広瀬3
母里1
鳥取県
岡山県
鹿野3
若桜2
鳥取33
兵庫県
豊岡2
出石3
柏原2
篠山6
三草1
徳山4
岩国6
広島43
広島新田3
広島県
福山11
新見2
松山5
浅尾1
岡山新田2
岡田1
足守3
庭瀬2
勝山2
岡山32
津山10
鴨方3
三日月2
山崎1
安志1
姫路15
三田4
林田1
明石8
龍野5
小野1
赤穂2
岸和田5
伯太1
狭山1
大村3
鹿島2
島原7
中津10
日出2
杵築3
大分県
森1
府内2
臼杵5
岡7
佐伯2
熊本新田4
熊本54
熊本県
宇土3
延岡7
人吉2
宮崎県
高鍋3
佐土原3
飫肥5
薩摩77
鹿児島県
吉田3
大洲6
新谷1
宇和島10
松山15
今治4
小松1
西条3
愛媛県
多度津1
丸亀5
香川県
高松12
徳島県
徳島26
高知県
土佐24
土佐新田1
大阪府
紀州56
和歌山県
田辺4

シリーズ藩物語

水戸藩

岡村青……著

現代書館

プロローグ

水戸藩物語

平成二十一年（二〇〇九）は水戸藩が成立して四百年。これにちなみ徳川博物館（現・徳川ミュージアム）や茨城県立歴史館などでは水戸徳川家ゆかりの遺品展示や催し物がおこなわれ、水戸藩三十五万石として繁栄した城下町の歴史と伝統を人々は改めて知った。

水戸藩といえば御三家、と枕詞《まくらことば》にまでつかわれる。このほか、さらに天下の副将軍、水戸黄門、水戸学、尊王攘夷、水戸っぽ気質《かたぎ》——などさまざまにたとえられる。たとえの多さはそれだけ水戸藩の多面性を表している。その反面、桜田門外の変、坂下門外の変、あるいは天狗党騒乱などにみられるように、さまざまな暗殺事件や藩内抗争を繰り返す功罪も少なくない。

慶長十四年（一六〇九）、徳川頼房《とくがわよりふさ》が初代藩主に着座したことで始まる水戸藩は、十一代藩主徳川昭武《とくがわあきたけ》の時、明治四年（一八七一）七月に発布された廃藩置県で二百六十余年の藩史に終止符を打つ。この間水戸藩は二代藩主光圀《みつくに》と九代藩主斉昭《なりあき》という、二人の傑出した藩主をもち、現在もなお人々は〝名君〟と称し、敬慕する。

藩という公国

江戸時代、日本には千に近い独立公国があった

江戸時代。徳川将軍家の下に、全国に三百諸侯《しょこう》★の大名家があった。ほかに寺領や社領、知行所《ちぎょうしょ》★をもつ旗本領《はたもとりょう》などを加えると数え切れないほどの独立公国があった。そのうち諸侯を何々家《け》家中《かちゅう》と称していた。家中は主君を中心に家臣が忠誠を誓い、強い連帯感で結びついていた。家臣の下には足軽《あしがる》層《そう》★がおり、全体の軍事力の維持と領民の統制をしていたのである。その家中を藩と後世の史家は呼んだ。

江戸時代に何々藩と公称することはまれで、明治以降の使用が多い。それは近代からみた江戸時代の大名の領域や支配機構を総称する歴史用語として使われた。その独立公国たる藩にはそれぞれ個性的な藩風《はんぷう》と自立した政治・経済・文化があった。幕藩体制とは歴史学者伊東多三郎《いとうたさぶろう》★氏の視点だが、まさに将軍家の諸侯の統制と各藩の地方分権が巧く組み合わされていた、連邦でもない奇妙な封建的国家体制であった。

今日に生き続ける藩意識

明治維新から百四十年以上経っているのに、今光圀は水戸黄門あるいは天下の副将軍などといわれテレビ、映画でおなじみの国民的人気者だが、光圀が日本各地を歩いた事実もなければ光圀だけが黄門だったわけではない。まして江戸時代に副将軍などという役職もなかった。すべて後世につくられたフィクションにすぎない。とはいえ水戸黄門に寄せる人々の親しみは変わらない。昭和三十六年（一九六一）八月に始まり、平成二十三年（二〇一一）十二月に終了したテレビ時代劇「水戸黄門」の再開をのぞむ声は絶えない。テレビ放映にあわせて復活した、光圀公を讃える「黄門祭」には水戸市長が黄門役となって市内をパレードし、祭礼を盛り上げている。さらには、平成十七年十一月には「ハッスル黄門」が茨城県のゆるキャラとして登場する。このように今や水戸黄門は水戸の顔となってすっかり定着している。

斉昭は武断派政治家として尊王攘夷の先鋒となり、欧米の軍艦外交に対して日本民族の矜持をしめすなど、英邁な藩主として評価が高い。光圀が確立した思想としての水戸学を、斉昭は行動としての水戸学に押し上げた。

水戸藩をぬきに幕末維新は素通りできないほど異彩を放った雄藩。その伝統と矜持は二十一世紀の現在もなお脈々と生きている。

でも日本人に藩意識があるのはなぜだろうか。明治四年（一八七一）七月、明治新政府は廃藩置県《はいはんちけん》★を断行した。県を置いて、支配機構を変革し、今までの藩意識を改めようとしたのである。ところが、今でも、「あの人は薩摩藩の出身だ」とか、「我らは会津藩の出身だ」と言う。それは侍出身だけでなく、藩領出身も指しており、藩意識が県民意識をうわまわっているところさえある。むしろ、今でも藩対抗の意識が地方の歴史文化を動かしている。そう考えると、江戸時代に育まれた藩民意識が現代人にどのような影響を与え続けているのかを考える必要があるだろう。それは地方に住む人々の運命共同体としての藩の理性が今でも生きている証拠ではないかと思う。

藩の理性は、藩風とか、藩是《はんぜ》とか、ひいては藩主の家風ともいうべき家訓などで表されていた。

〔稲川明雄（本シリーズ『長岡藩』筆者）〕

諸侯▼江戸時代の大名。
知行所▼江戸時代の旗本が知行として与えられた土地。
足軽層▼足軽・中間・小者など。
伊東多三郎▼近世藩政史研究家。東京大学史料編纂所所長を務めた。
廃藩置県▼藩体制を解体する明治政府の政治改革。廃藩により全国は三府三〇二県となった。同年末には統廃合により三府七二県となった。

シリーズ藩物語

水戸藩

目次

これも水戸

水戸徳川家系図

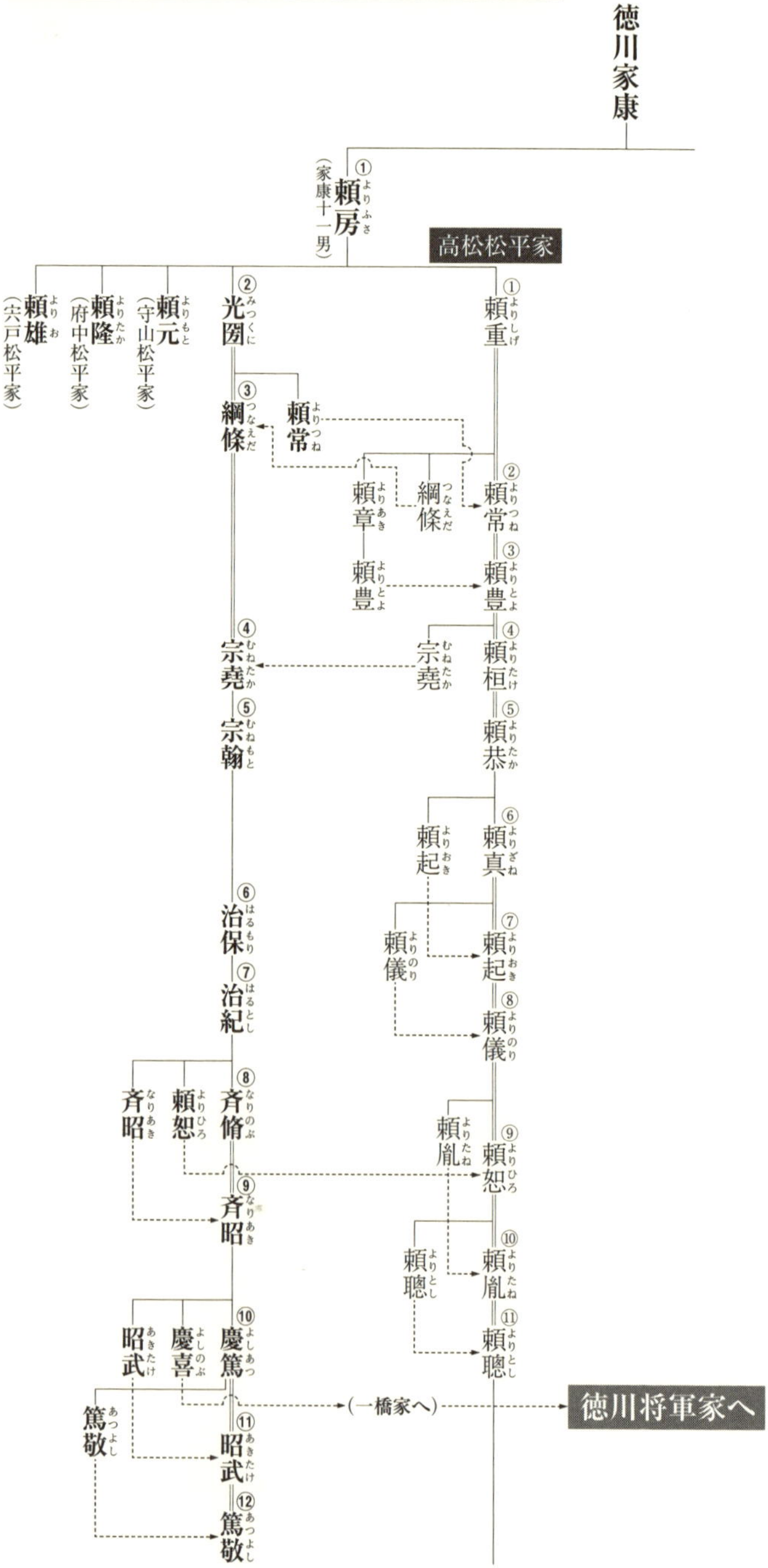

徳川家康
①頼房《よりふさ》
（家康十一男）
高松松平家
①頼重《よりしげ》
②光圀《みつくに》
頼元《よりもと》
（守山松平家）
頼隆《よりたか》
（府中松平家）
頼雄《よりお》
（宍戸松平家）
③綱條《つなえだ》
頼常《よりつね》
頼章《よりあき》
綱條《つなえだ》
②頼常《よりつね》
頼豊《よりとよ》
③頼豊《よりとよ》
④宗堯《むねたか》
宗堯《むねたか》
④頼桓《よりたけ》
⑤宗翰《むねもと》
⑤頼恭《よりたか》
頼起《よりおき》
⑥頼真《よりざね》
⑥治保《はるもり》
頼儀《よりのり》
⑦頼起《よりおき》
⑦治紀《はるとし》
⑧頼儀《よりのり》
斉昭《なりあき》
頼恕《よりひろ》
⑧斉脩《なりのぶ》
頼胤《よりたね》
⑨頼恕《よりひろ》
⑨斉昭《なりあき》
頼聰《よりとし》
⑩頼胤《よりたね》
⑪頼聰《よりとし》
昭武《あきたけ》
慶喜《よしのぶ》
⑩慶篤《よしあつ》
（一橋家へ）
徳川将軍家へ
篤敬《あつよし》
⑪昭武《あきたけ》
⑫篤敬《あつよし》

第一章 かくして水戸藩は始まった

東海・関東周辺を譜代大名で固めた家康は水戸藩を北方の要砦に。

◆1 水戸藩成立の直前・直後

外様を追放し、常陸国とは縁もゆかりもない徳川家がやってきた。
そのうえ親藩ながら石高も、尾張藩や紀州藩に比べて格段に低い。
佐竹家、武田家にゆかりのある人材を登用して融和をはかり、不安定な船出をしのいだ水戸藩。

外様去って親藩来る

佐竹義宣《さたけよしのぶ》★が出羽（現・秋田県）に転封《てんぽう》されると常陸国《ひたち》（現・茨城県）水戸城には徳川家康の十一男頼房が城主になったからさだめし水戸城下の人々は、「外様去って親藩来る――」、という目で見ていたに違いない。四百年以上も常陸国を統治した佐竹家に縁のない者はいないからだ。

佐竹義宣は関ヶ原合戦では石田三成に味方し、徳川家康に敵対した。関ヶ原合戦に勝利し天下取りに成功した家康は、石田側に加勢した諸大名を国替え、あるいは領地没収のうえ死罪などの粛清を断行。そのため義宣も五十四万石から一気に二十一万石に降格し、北方の出羽に左遷された。

佐竹家は清和源氏の名門 源　義光《みなもとのよしみつ》の嫡流であった。清和源氏は第五十六代清

▼佐竹義宣
一五七〇～一六三三。

「佐竹義宣像」萩津勝章筆
（秋田県／天徳寺蔵）

和天皇の孫源経基《みなもとのつねもと》を祖とする。義光は義家の実弟だ。兄の義家《よしいえ》とともに後三年の役（一〇八三〜一〇八七）で清原氏の軍勢を撃退し、奥州平定を達成したのち常陸介《ひたちのすけ》となった。「孫の昌義が常陸国下向し、久慈郡佐竹郷に居住す。これよりはじめて佐竹をもって家号」（『寛政重修諸家譜』巻百二十九）としたのが始まり。ついでに記しておけば、源義光の嫡男義清は常陸国那珂郡武田郷（現・ひたちなか市）に定住したのち武田姓を名乗る。義清の嫡男清光は領地をめぐって近隣の豪族としばしば悶着を起こしていたため義清・清光父子は甲斐（現・山梨県）に放逐。甲斐武田はここから始まる。

かくして水戸藩は始まった

水戸初代藩主は徳川頼房《よりふさ》だ。しかしじつは彼の前に二人の城主がいる。武田信《のぶ》吉《よし》と徳川頼宣《とくがわよりのぶ》だ。

信吉は弱冠八歳で下総小金三万石領主、続いて下総佐倉十万石領主、さらに佐竹義宣が去ったあと二十歳で水戸二十五万石の領主となった。信吉の水戸城入りはいわば先祖返りともいえる。水戸領はかつて、甲斐武田の祖先である武田義清の地だったからだ。ところが信吉は生まれつきの病弱。着任わずか十カ月足らずで慶長八年九月に死去。

信吉には子がいなかった。たちまち水戸城は断絶の危機に直面。そこで家康の十男の頼宣を二番手に送り込む。正確にいうなら、頼宣という名は和歌山城主に転じてからの名前だから、水戸城主時代は頼将《よりまさ》がただしい。

頼宣は家康の側室のお万がなした男児。わずか二歳で水戸城主になった。当然領内統治を執行できるはずもなく、城代家老が政務を執り、頼宣自身は駿府城の、家康のひざのうえで無邪気にはしゃいでいた。八歳に達した頼宣は水戸城主から駿府五十万石に移り、さらに元和《げんな》五年（一六一九）七月、十八歳で紀州和歌山五十五万石城主となる。

頼宣の跡を継いだのが十一男徳川頼房。頼房は慶長八年八月、お万がなしているから頼宣は実兄だった。七歳で水戸城主となる。慶長十四年十二月のこと。いまだ年端もいかない幼君。

したがって頼房が名実ともに水戸初代藩主となるには初めて水戸にお国入りする元和五年、十七歳まで待たなければならなかった。

水戸城に入った頼房はかくして水戸徳川初代藩主に着座した。十七歳という若殿様の誕生であり、水戸藩の始まりだ。

水戸城は北方に対する防波堤

「徳川頼房像」

旧水戸城大手門跡に立つ「水戸初代藩主徳川頼房像」（水戸市）

水戸城は天守閣をもたず、丘陵に建つ典型的な平城だ。北部に那珂川《なかがわ》が流れ、南面に千波湖がひろがり、天然の要害をなしている。

水戸城は別に「水府城」ともいわれ、常陸大掾《だいじょう》馬場《ばば》資幹《すけもと》が建久年間（一一九〇～一一九八）に築城。けれど応永二十三年（一四一六）十月、鎌倉公方《くぼう》足利持氏《もちうじ》に不満を抱いた関東管領《かんれい》上杉禅秀《ぜんしゅう》が鎌倉で決起したいわゆる上杉禅秀の乱で馬場満幹《みつもと》が上杉方に加わったために室町幕府方の江戸通房《みちふさ》に撃退され、水戸城は江戸氏の本拠地となった。

下克上の世に生き、有為転変定まるところがない時代に翻弄された城主たちの悲喜劇を見つめ続けてきた水戸城。頼房の着座でようやく平安を取り戻す。頼房以降水戸徳川宗家の居城となり、一度の国替えも経験しないからだ。

水戸と徳川家とは直接的な関係はなかった。馬場氏にしろ佐竹氏にしろ常陸国に土着した豪族。けれど徳川家は違う。そのため徳川家は新顔の城主といえた。それにもかかわらず徳川家康は自分の息子を次々と送り込んだのはなぜか。大きな理由として二つある。

佐竹家は出羽に移ったもののまだ多くの残党が常陸国に留まり、少なからずの影響力を蓄えているため慰撫と統制が必要、というのがまずひとつ。二つめは、常陸国は北方に対する防波堤というものだ。

常陸国を境に以北は陸奥《むつ》。陸奥はかつて蝦夷《えみし》などともいわれ、朝廷に従わない、

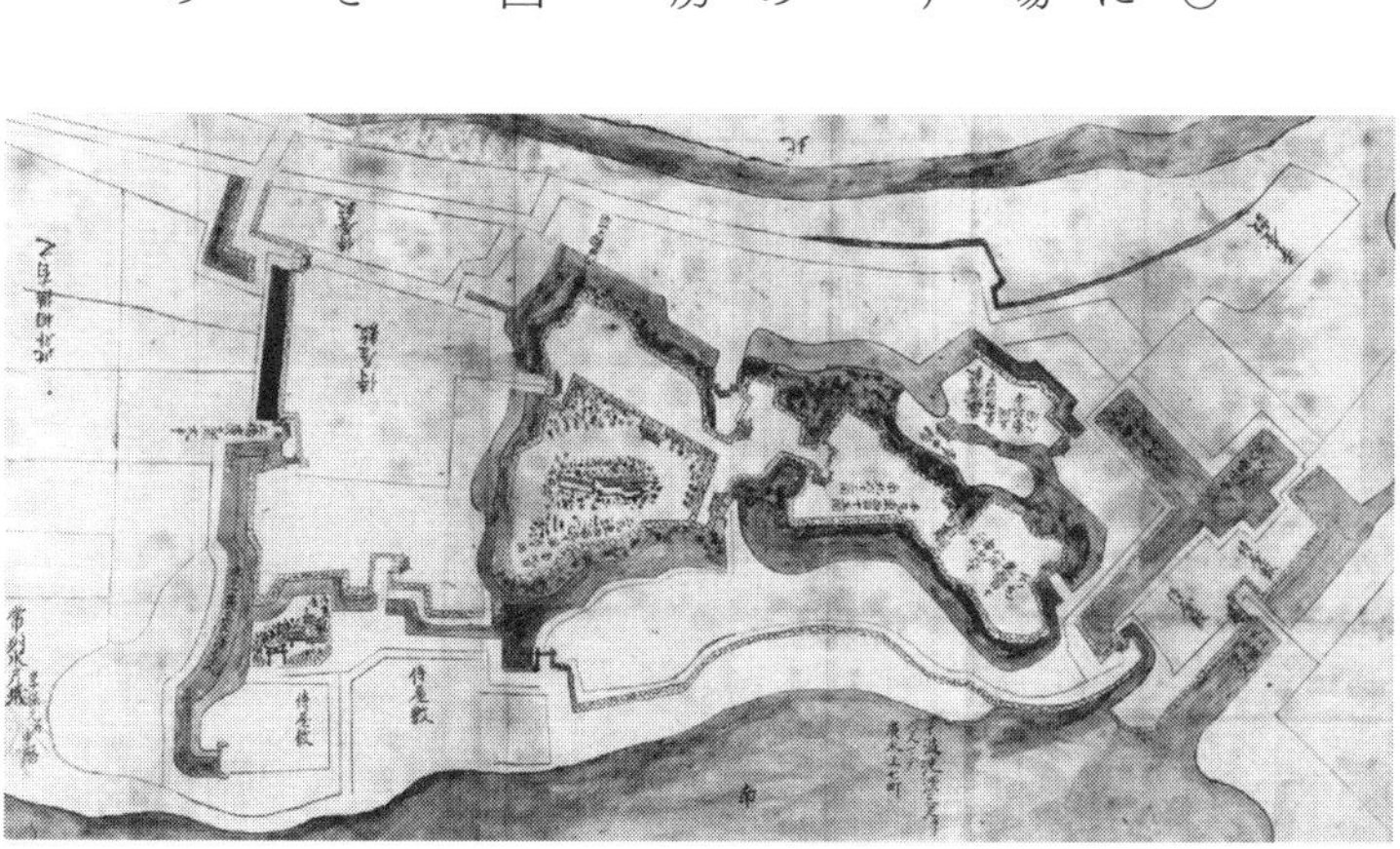

常州水戸城図（江戸前期の水戸城とその周辺）
（名古屋市蓬左文庫蔵）

いわゆる〝まつろわぬ民〟として坂上《さかのうえの》田村麻呂《たむらまろ》などの朝廷軍と激しい戦闘を演じている。江戸時代になってもなおそれは変わらない。奥州には伊達家、上杉家、津軽家、南部家といった有力な外様大名がそれぞれ勢力を温存している。そのため家康は常陸国を北方勢力に対する重要な軍事拠点と位置付け、実子を城主に送り込むことで奥州に睨みをきかすのだ。

　頼房の水戸入城、そして城郭整備も家康の警戒心に由来すること疑いなかった。

　寛永二年（一六二五）、徳川頼房は水戸城の改修工事に着手した。水戸城はすでに佐竹義宣が城主時代に二の丸、三の丸に曲輪《くるわ》など城郭化がすすんでいたから頼房の改修工事はこの延長にあり、見付門や郭門を新たに築いたほか三階の物見櫓を築いた。水戸城は特異な城郭をなしている。つまり天守閣がない、石垣がない、から堀であった——の三つだ。

　天守閣や石垣がないのは「武家諸法度」による。二代将軍秀忠は元和元年（一六一五）七月、諸大名を伏見城に集めて一〇カ条の同法を発布。同法の第六条で城郭の改修、新築の禁止を定めた。さらに三代将軍家光も寛永十二年（一六三五）六月に同法を改正し、築城禁止の強化、参勤交代の期日、五百石以上の大型船建造の禁止などを新たに加えた。

　石垣にかわって水戸城は土塁を打ち固めたものにした。そのため堀には水がない、いわゆるから堀。天守閣もそうだ。じつは三階の物見櫓は天守閣だった。そ

県立水戸一高の一角に建つ薬医門（水戸市）

薬医門の扉についている乳金物

れは、物見櫓は外観上は三階に見えながら中に入ると五階建てになっている。法度との関係から天守閣とは称しなかったものの実質的には天守閣といってよい。

三階櫓は、明和元年（一七六四）、五代藩主宗翰《むねもと》の時に焼失し、六年後に再建された時には銅板屋根から瓦屋根にかわった。さらに昭和二十年（一九四五）八月二日の水戸空襲で建造物はことごとく破壊され、わずかに薬医門や弘道館が往時を知るよすがとなった。

三階櫓
（『明治四十年十一月特別大演習記念写真帖』より）

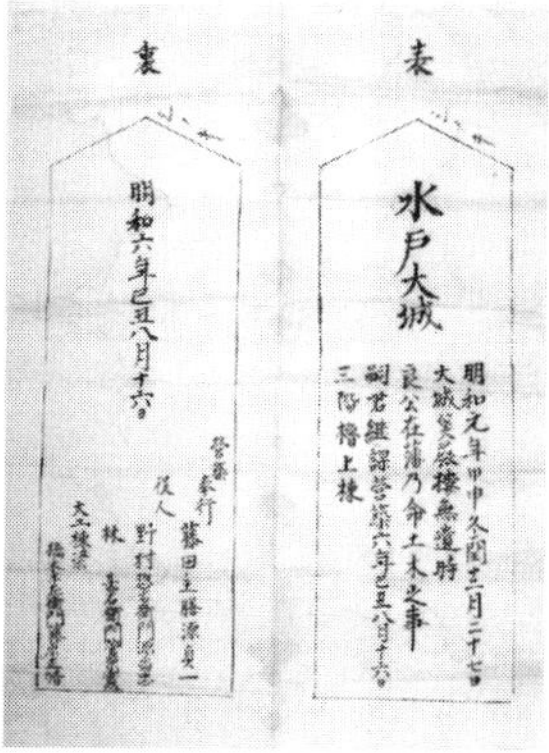
水戸城三階櫓棟札写

2

御三家の登場

尾張藩、紀州藩、水戸藩を御三家と称した。これらは制度化されたものではない。ただし水戸藩にかぎっては参勤交代が免除された。そのかわり藩主は江戸在住、いわゆる定府制が義務。これが国元の水戸との二元政治、財政負担を生み、藩政混乱の要因となった。

御三家登場

水戸藩は徳川御三家《ごさんけ》のひとつだ。ただし水戸徳川家が御三家と称されるのは五代将軍綱吉の在位ごろといわれているから尾張、紀伊よりずっと出遅れている。すでに尾張、紀伊などは家康の将軍在位時代から御三家と称されていたからだ。

御三家とは制度化されたものではない。いつ、どこで、どのように成立したかも明確でない。だが役割はあった。将軍継嗣問題が発生したときはただちに御三家から将軍を擁立するというものだ。要するに御三家とは将軍候補のストック機能といってよい。

御三家と並び称されるものに御三卿《ごさんきょう》がある。三卿とは田安、清水、一橋を指す。朝廷から三位以上の官位に叙され、八省の長官に任じられたから三卿と称された。

ただし大名には列しない。十万石の石高があり、一橋、田安の両家は将軍吉宗の子、清水家は家重の子という家系であったが御三家のように分家はなく、将軍家の一構成員とみなされていたからだ。

水戸徳川家が御三家に加えられ、江戸城中の席順も尾張、紀伊両家と同じく大《おお》廊下《ろうか》に詰めた。とはいうものの官位、石高などの点で尾張、紀伊より格下という悲哀は廃藩置県まで味わうことになる。ついでに江戸城中における大名の詰所《つめしょ》を説明すると、大廊下は御三家と金沢藩が詰め、大広間は弘前藩、秋田藩など外様、溜《たまり》の間には桑名藩や会津藩など譜代の門閥が詰めた。このほか大和郡山藩や日向延岡藩のような譜代格が詰める帝鑑の間、淀藩や安中藩など譜代中堅格が詰める雁の間、さらに出石藩や麻田藩など小身の外様が詰める柳の間、椎谷藩や館山藩など小身の譜代が詰める菊の間などがあった。水戸徳川家の官位は世継ぎの左少将・正四位下の初叙《しょじょ》・初官から始まり、当主にいたって権★中納言を限度とした。これに対して尾張、紀伊両家は世継ぎの従三位中将を初叙・初官とし、当主は従二位権大納言を極官《ごくかん》としていた。

納言とは、「下の言を納れ、上の言を下に宣べる」との意味だ。納言には大中小がある。また官名を指して用いる唐名《とうみょう》では、将軍を大樹といい、大納言を亜《あ》相《しょう》、中納言を黄門《こうもん》、参議を宰相《さいしょう》と称した。将軍家にいかに貢献しても水戸徳川家は権中納言で歩留まり。それは石高にもいえた。尾張藩は六十二万石。紀州藩

▼権
「仮」の意。

（和歌山藩）は五十六万石。ところが水戸藩は三十五万石。石高は低いのに家格だけは高いため何かと物入りがかさむ。このことが藩財政を圧迫するという矛盾に水戸藩は随分と苦しめられた。

ただし両家にはなく水戸藩だけに与えられた〝特権〟がある。それは参勤交代が免除されたことだ。けれど無条件ではない。やはり権利には義務と責任がある。藩主は江戸小石川の水戸藩上屋敷に常住し、必要に応じて幕府の許可を得て帰藩するという定府制《じょうふせい》があったのだ。ただしこれにしても明文化されたものでなく、なぜ水戸藩だけが定府制だったのか正確にはわからない。

けれど定府制には弊害もあった。城主不在による江戸と国元の意思の疎通や統制力の欠如。在府組と在所組の対立、江戸と在所の二元支配などだ。さらに定府制は多くの役人を常駐させるため水戸藩は江戸市中にいくつもの屋敷を構え、財政負担が重くのしかかった。水戸藩発足当初の藩邸は江戸城内にあったが、火災や幕府の土地取り上げなどがあったことで上屋敷を小石川、中屋敷を駒込、下屋敷を向島小梅などに築いた。

頼房は慶長十四年十二月に着座し、寛文元年（一六六一）七月、江戸小石川上屋敷で五十九年の生涯を閉じ威公と諡号《しごう》された。この間あらまし五十二年間水戸藩主の座にあり、定府制の定めで江戸常住につとめてきた。けれどそれでも十一回の就藩、つまり水戸城に帰っていたから斉脩《なりのぶ》のように一度も就藩したことがな

向島小梅町にあった水戸藩下屋敷
（現在は墨田公園になっている）

い藩主を思えば、頼房の就藩回数はまずまずといってよい。

ついでだから歴代藩主の在位年数と就藩回数を挙げておくのもいいだろう。

初代頼房の在位年数は五十二年間。就藩回数は十一回。二代藩主光圀の在位年数は三十年。就藩回数は十一回。三代藩主綱條《つなえだ》は在位年数二十八年。就藩回数四回。四代藩主宗堯《むねたか》は在位年数十三年。就藩回数二回。五代藩主宗翰《むねもと》は在位年数三十七年。就藩回数二回。六代藩主治保《はるもり》は在位年数四十年。就藩回数一回。七代藩主治紀《はるとし》は在位年数十二年。就藩回数一回。八代藩主斉脩《なりのぶ》の在位年数は十四年。就藩回数ゼロ。九代藩主斉昭の在位年数は十六年。就藩回数三回。十代藩主慶篤《よしあつ》の在位年数は二十五年。就藩回数は一回。十一代藩主昭武《あきたけ》は明治四年（一八七一）七月の廃藩置県で藩主でなくなった。

藩主の日常

水戸藩主は「屋形《やかた》様」もしくは「大守《おかみ》」と称された。もっともこれは水戸藩主だけにかぎらず、大大名ならこう呼ばれた。一般的に大大名とは二十万石以上を指し、五万石以上二十万石未満を中大名、五万石未満を小大名と分別した。

水戸藩は三十五万石。藩主の一日はじつに多忙だ。幕府の登城義務のほか藩政の総覧と決裁。役職の任免と褒賞。諸大名との交際、対外交渉などなど。藩主と

小石川後楽園

しての勤めをまじめにこなすとなるとこうなる。けれどなかには緩みきった藩主もいる。たとえば斉脩は一度も就藩せず、領国の実情を知るでもない、重臣から受ける報告にただうなずくだけの「よかろう殿様」だった。

　水戸藩主は毎月決まっている朔日《ついたち》と望月《もちづき》★のほか一月七日の人日、三月三日の上巳、五月五日の端午など五節句にはかならず登城する義務がある。このほか城中の祝祭、あるいは上野の寛永寺、芝の増上寺などの参詣もあり、けっこう忙しいのだ。御三家の水戸藩主は登城すると大廊下に詰めた。ただし詰め所での座布団や火鉢などの使用はなかった。御三家といえども城中では将軍の家来だからだ。

▼朔日と望月
一日と十五日。

3 天下の副将軍二代目藩主徳川光圀

光圀は全国行脚などしておらず、テレビドラマは後世の物語。
光圀は父の頼房によってあやうく出生前に抹殺されるところだった。
英邁といわれる光圀だが、悪所通いもすれば歌舞・音曲を好むかぶき者でもあった。

光圀ばかりがなぜ水戸黄門

徳川光圀は元禄三年（一六九〇）十月、六十三歳で権中納言に叙されている。大納言は唐名で亜相、中納言は黄門といった。黄門とは、中国の秦・漢の時代、政務を執っていた官職が出入りする門が黄色だったことにちなむ。

光圀が水戸黄門であることは間違いない。けれど彼だけが黄門ではない。初代藩主の頼房もそうだった。寛永三年（一六二六）八月、二十四歳で従三位権中納言に栄進している。三代藩主綱條《つなえだ》も宝永二年（一七〇五）十二月、従三位権中納言に叙され、八代藩主斉脩《なりのぶ》、九代斉昭《なりあき》、十代藩主慶篤《よしあつ》らも同じく権中納言に叙されている。このようにだいたいの藩主は権中納言に叙された水戸黄門なのだ。

「天下の副将軍」にしてもそうだ、光圀だけに独占されるものではない。そも

名君といわれた水戸二代藩主徳川光圀像（水戸市）

そも天下の副将軍など存在しない。存在しないから地位も役職もない。将軍はあくまでひとり、二人などあり得ないのだ。

　そうでありながら光圀を副将軍と称する。それはなぜかといえば、水戸藩は参勤交代免除の特権が与えられたかわりに江戸定府だったから水戸藩主は小石川の藩邸に常住していた。将軍も江戸城大奥に常住している。このような共通点が水戸徳川家を天下の副将軍と、江戸の人々はイメージしたのではないかと思われる。

　ただし副将軍的な存在ではあった。つまりご意見番、目付役として将軍や幕閣に有形無形の圧力を加える、あるいは将軍継嗣問題に関与するというのがそうだ。実際、光圀や斉昭などはこの立場を行使した。たとえば光圀のケースでいえば、四代将軍家綱は世継ぎがないまま延宝八年（一六八〇）五月四十歳で病没したため、世継ぎ問題が起こり、幕閣の酒井忠清は次期将軍に有栖《ありす》川宮《がわのみや》幸仁《ゆきひと》親王《しんのう》を迎えるとしたのに対して、老中の堀田正俊は家光の四男綱吉がいるではないかと反論した。それを受けて光圀も、正論を吐いて酒井を指弾したのがそうだ。

　水戸黄門、天下の副将軍に続いてもうひとつ、葵の家紋についても触れなければならない。徳川家の家紋は三ツ葉葵であることはよく知られている。けれど同じ徳川家でも将軍家と御三家とでは文様がちがうことまではそう知られていない。将軍家は三表葵。尾張徳川家は二表一裏葵。紀伊徳川家は一表二裏葵。水戸徳川家は三裏葵――とされている。

光圀生誕地に建つ小祠（水戸市）

光圀の出生とその影響

光圀《みつくに》と斉昭《なりあき》は水戸歴代藩主のなかでもとりわけ英邁な名君といわれ、両者に言及した書物も少なくない。

「威あって、しかも武からざる御むまれつきなり。御色しろく、御せいもたかく、御顔おもなかに、御額広くして、両方に角ありて、日角とまいはまほし、御目袋長く、大抵の御目の少し細きかたに御見え候が、御はり候へば、よの常の目よりは大なる御眼なり。御はな柱とほりてたかく、これや隆準とも申すべきか。若き御時は、世上にて美男のきこえあり」

と『桃源遺事』は述べ、いかにも聡明で天分にめぐまれた光圀像を浮き上がらせたうえでさらに、

「和学漢学は勿論、諸宗の仏学、神書、医書、算数、詩文、連句、詩余、和文、和歌、武芸等、何不由、御存あそばされ候、天文、地理、禽獣、草木の名、くはしく御覚え、又上古の衣服並うつものまでのこしらへ様、もろ〳〵武器楽器およびいやしき器物までのいたしかた、よく御存あそばされ候」

と述べ、幅広い学識と非凡な才能をそなえた光圀をたたえている。しかし光圀の出生に触れるところだ。

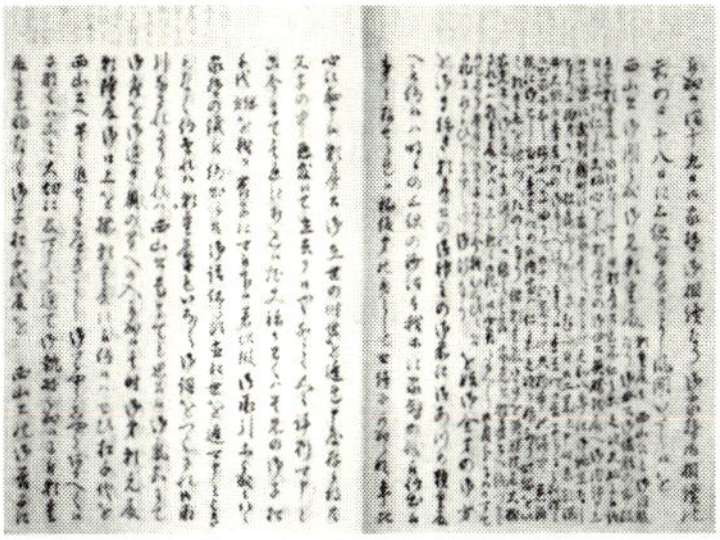

光圀没後1年、家臣三木之幹らによってまとめられた『桃源遺事』は「光圀の伝記」といえる。
（茨城県立歴史館蔵）

「西山公は頼房公第三の御子也。御母は谷左馬介藤原重則が女なり。寛永五年戊辰六月十日庚子、常州茨城郡水戸の城下、三木仁兵衛之次が家にて御誕生なされ候」

と『桃源遺事』は述べている。西山とは光圀の号だ。そして藤原重則の女とはお久のことだ。水戸歴代藩主はだいたい江戸生まれの江戸育ち。そのなかで光圀は水戸で生まれて水戸で成長した生粋の〝水戸っぽ〟といってよい。このことが光圀のその後の人間性を暗示している。

光圀は幼名を千代松といい、四歳までは近所の子供たちと一緒に遊び、すくすくと成長する。その後水戸城に入り、さらに九歳になった寛永十三年七月、小石川の上屋敷で元服し、名も光圀と改めた。

三十三歳になった光圀は寛文元年（一六六一）八月十九日、水戸徳川二代藩主に着任した。この年の七月二十九日、五十九歳で頼房が死去したためだ。

頼房には嫡男の頼重《よりしげ》がおり、二男の亀丸は四歳で死亡していたが、三男光圀の一歳下には頼元と頼隆、二歳下には頼利らがいる。

そもそも長男の頼重が藩主を継がなかった理由には定説はない。しかし、当時の四国は、土佐に山内、徳島に蜂須賀などの外様大大名がおり、その抑えとして、四国高松藩主に頼重を移封した幕府の思惑があったのだろう。

光圀は頼重を飛び越えて早くも六歳で世継ぎに決定したのだ。この決定はむろ

助さん格さんを従えた水戸黄門（水戸市）

「徳川光圀像」

ん光圀の意志によるものではない。けれど長じるにつれ、頼重をさしおいて三男の自分が家督を継ぐことに光圀は忸怩《じくじ》たるものを抱き続けていた。そのためいよいよ家督相続の選択が迫られた時をとらえ、光圀は苦渋をにじませながら、けれどこれまで一切語らず、胸の奥にひそませていた真意を初めて頼重や弟たちに告白するのだった。すなわち、こころならずも兄を超えて家督を相続することになった。けれどこれを応諾するかわりに兄の嫡男綱方《つなまさ》を養子にしたい。これが認められなければ藩主継嗣は拒否し、ただちに隠遁し、水戸徳川家の断絶もやむを得ない、と。

光圀の決然とした意志に兄弟たちは一様に仰天した。頼重も即答をしかねた。頼重はすでに寛永十九年（一六四二）、二十歳で高松藩十二万石藩主に就いている。そのため将来の世嗣になる綱方を養子に出すのにためらいがあった。けれど弟たちはあえて説得に努め、ついに頼重も光圀の条件を受け入れる。かくして水戸徳川家断絶は免れた。光圀は、病弱な綱方だけではなく弟の綱條《つなえだ》までも養子にしていた。じっさい綱方は寛文十年（一六七〇）十月、二十三歳で他界する。兄にかわって綱條は、致仕《ちし》★した光圀から家督を譲渡され、元禄三年（一六九〇）十月、三代藩主になっている。

水戸徳川二代藩主となった光圀の副将軍としての出番は五代将軍綱吉との確執で発揮された。綱吉が御三家のこうるさいじじいと光圀を疎んじれば、光圀も、

▼致仕
官職を主君に返上する。

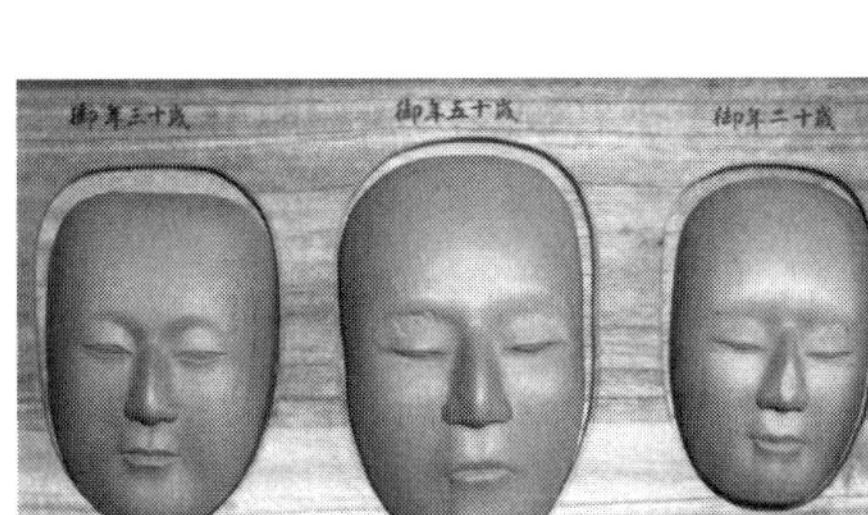

「徳川光圀面容」
20歳から50歳まで10年ごとに自分の顔を彫らせた光圀。現在、３面が久昌寺に伝わっている。西山荘で光圀に近侍した御細工御用の太田九蔵と前田介十郎による作。
（本山久昌寺蔵）

無能、無気力として綱吉を軽視した。とはいえ綱吉にとって光圀はかけがえのない恩人に違いはない。五代将軍に推挙したのは光圀だったからだ。

四代将軍家綱は六歳の時に霍乱《かくらん》を起こすなどで発達障害がみられた。そのせいか肝心の世嗣をつくらないまま延宝八年（一六八〇）五月、四十歳で逝去した。ここで将軍継嗣をめぐって幕閣は綱吉派と有栖川宮幸仁親王派に分裂する。有栖川宮を推挙するのは大老の酒井忠清だった。酒井は綱吉の出身を懸念したのだ。綱吉の母親は京都堀川の八百屋の娘で名はお玉といった。お玉は十三歳の時義父のつてで六条有純の娘・お梅の女中となり、お梅が家光の側室になると同じく大奥づとめとなった。やがて家光の寵愛を受け、亀松と徳松の二人の男児をもうけた。

亀松は三歳で早世した。徳松は綱吉と名を改めて館林二十五万石の城主となった。町人の娘を母とする綱吉よりも毛並みのよい宮家の幸仁親王を酒井は推挙し、次期将軍はほとんど彼に決まったかにみえた。ところが光圀はこれを一気にくつがえした。

まさに天下の副将軍の出番だ。宮将軍を容認すれば四代続いた家康直系の血筋が断絶する。先代には弟君の綱吉公がおり、綱吉公をさしおいて親王とはなにごとでござるか――。

かくして綱吉は五代将軍に就いた。

光圀引退と藤井紋太夫暗殺の謎

光圀の引退、藤井紋太夫暗殺、どちらも真相は闇だ。けれどいずれも背後には将軍綱吉や柳沢吉保がからんでいる。

光圀は元禄三年(一六九〇)十月、綱條《つなえだ》に家督をゆずり、引退した。引退の理由は、六十三歳という年齢からくる体力気力の衰えという。だがこれを信じる者は少ない。『土芥寇讐記《どかいこうしゅうき》』でも、「今度尾州、紀州両卿ニ先立テ御隠居之事、是又世人ノ不審スル所也。御思慮之程計リ難シ」といっている。

光圀の引退の背後に綱吉、さらには柳沢の陰謀をかぎとる。生類憐れみの令や将軍継嗣問題でみせた光圀の反骨は妥協を許さないだけにかえって敬遠する者も少なくない。とくに柳沢はそうだ。もとをただせば柳沢は能楽師にすぎない。けれど能楽が趣味の綱吉に取り入って側用人になったのを契機に大老にまでなり、甲府十五万石の大名にのし上がる。まさに出世魚のような成り上がり者だった。そのため光圀のようなエリートは虫がすかない。柳沢には藤井紋太夫がいたことも幸いした。藤井も成り上がり者、おまけに光圀をけむたがっていたからだ。

藤井は幕臣荒尾久成の四男だった。同族で、藤井と名乗り、水戸藩小石川上屋敷に仕える奥女中の養子になった。才気煥発な彼に目をかけ、光圀は小姓に召し上げ、老中に押し上げる。ところが藤井は、出世が次第に慢心に変わり、ついには藩政を壟断《ろうだん》する。藩政を思うままに仕切るには光圀は邪魔者。この点で、幕政を思いのままにしたい柳沢と藤井の思惑は一致した。そこで両者は光圀排斥をめぐらし、光圀出府を合作するのだった。

「(元禄・筆者注）七年甲戌三月大樹綱吉公の上意によって、西山公、江戸へ御登城被成候。然る所に御登城の節、不斗大学の御講釈を御所望あそばされ候」(『桃源遺事』)。

綱吉の所望に応じて元禄七年三月光圀は大学の講義をおこなった。両者はここで光圀の失脚をもくろんだ。難解な講義をさせることで記憶力のとぼしくなった光圀の老残な姿を将軍の目にさらすというものだ。ところがこのたくらみは不発に終わったばかりか同年十一月、藤井紋太夫は光圀に暗殺されてしまった。

光圀は三月の出府以来ずっと小石川の上屋敷に逗留していた。そして十一月二十三日、幕閣、諸大名らを招いて能楽を催し、光圀もひとさし「千手」を舞う。事件は、舞い終わって鏡の間に戻った直後に起こった。

藤井殺害について幕府に提出した届け書のなかで光圀は、藤井には日頃から「不届きのことがあるので、宰相の将来を案じて、たびたび意見するように申し聞かせた。しかしそれでも承知せず、家中の士をはじめ百姓にいたるまで不安な様子になったので常々難儀なことと考えていた。(略）今日能を興行いたし、楽屋で休憩していたところに紋太夫が帯刀のまま側まできたので、かねがね叱ることもあり、案外に思って差し当たり堪忍なりがたく成敗した」（『水戸市史』中巻一）と弁明している。

藤井を鏡の間に呼び込み、ひとつふたつ押し問答をしたのち光圀は藤井を取り押さえて一太刀、二太刀、喉元ちかくを深々と刺し、殺害した。

「不届きのこと」とは何か。具体的には明らかでない。けれど驕慢なところがあった藤井は顰蹙《ひんしゅく》を買っていたから光圀にはいさめる思いがあったに違いない。ともあれ、名君といわれ、御三家のご隠居ともあろう光圀が、こともあろうに幕閣、諸大名がはべる祝宴の場で刃傷におよぶとは、よほどの決意があったのだろう。

④『大日本史』と光圀の功績

光圀の発案で始まった『大日本史』編纂事業。ただし光圀が執筆したものではない。『大日本史』にこめられた尊王思想は水戸藩の、いわゆる立藩精神となり、尊攘運動に奔走する水戸藩士たちの行動原理となった。

『大日本史』と命名

『大日本史』と命名されたのは正徳五年（一七一五）四月であった。

光圀の発案で明暦三年（一六五七）二月、江戸駒込の水戸藩中屋敷に歴史編纂所をもうけてからあらまし五十八年後、三代藩主綱條《つなえだ》の時だった。正式な書名が決まるまでは単に紀伝と称していた。完成間近に迫ったのを機に正式な書名が必要になり、水戸側は『皇朝新史』を推薦し、江戸側は『大日本史』と主張した。当時、編纂所は水戸と江戸の両方にあったためだ。そこで綱條に裁可をゆだねた結果、最終的に後者に決まった。

光圀は十八歳の時「伯夷伝」を読み、運命の転機を悟り、同時に歴史への関心も深めたといい、『大日本史』の編纂を思いつく。

『大日本史』の編纂が行われた地に建つ碑（水戸市内）

『大日本史』には参考にした本があった。司馬遷が著した『史記』がそうだ。同書は中国古代の黄帝から漢の武帝にいたるおよそ三千年の歴史を紀伝体★でまとめた壮大な歴史書だった。『大日本史』が本紀、列伝、志、表の四部構成になっているのは『史記』を下敷きにしているからだった。本紀は神武天皇に始まり、南北朝合一天皇となった後小松天皇にいたる百代の天皇の治世、社会情勢、神話などを記述し、七三巻にまとめている。列伝は皇后、皇子、皇女、将軍、列女、叛臣などを一七〇巻にまとめている。志は氏族、神器、国郡司、仏事などを一二六巻にまとめ、表は公卿、臣、連などを二八巻にまとめている。

絵巻数ざっと三九七巻。目録五巻。じつに膨大な一大巨編歴史書といってよい。そのため着手から完成まで二百五十年、明治三十九年（一九〇六）にいたってようやく成就という、とてつもなく長い歳月をついやしている。この間編纂所は寛文十二年（一六七二）十二月、駒込から小石川上屋敷に移り、名を「彰考館《しょうこうかん》」と決める。さらには光圀の西山荘引退にともなって彰考館員の一部が光圀とともに西山荘に移って執筆するようになったので、水戸と江戸の二カ所に併存する、あるいは執筆陣の世代交代、財政難、廃藩置県後は藩事業から水戸徳川家の事業に移行するなどさまざまな紆余曲折を経験する。けれど歴代藩主は光圀の遺志を継ぎ、難事業をみごとに遂行した。

『大日本史』は我が国屈指の本格的な紀伝書。そのため信頼に足りる資料や証

▼紀伝体
人物ごとの事績を中心に歴史記述を行う。

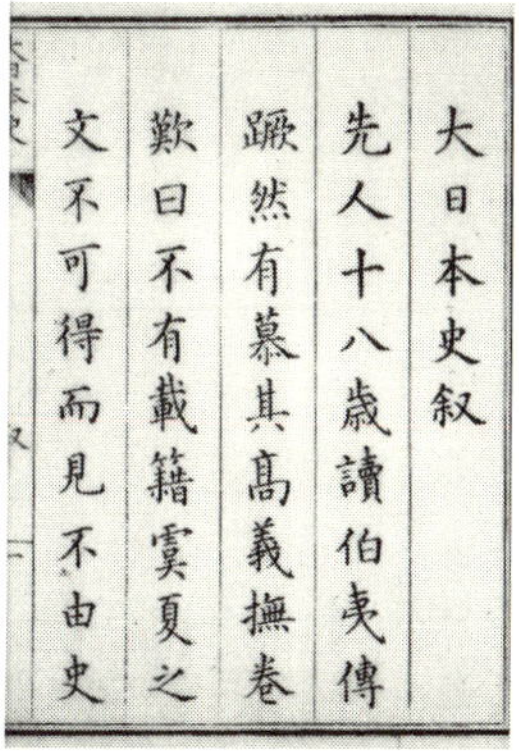
大日本史叙
先人十八歳讀伯夷傳
蹶然有慕其高義撫巻
歎曰不有載籍虞夏之
文不可得而見不由史

『大日本史』序文の冒頭部分。「伯夷伝」を読んで編纂を決したことが述べられている。彰考館の儒者・大井松隣の撰文。（茨城県立歴史館蔵）

光圀筆「彰考館扁額」
（『徳川光圀　黄門さまのこと』より）

言は欠かせない。光圀は職員を各地に派遣し、資料収集にあたらせた。光圀の資料収集は宝延四年（一六七六）、板垣聊爾斎《りょうじさい》を京都方面に派遣したのを皮切りに元禄六年（一六九三）、佐々《ささ》介三郎《すけさぶろう》の京都派遣まで十三回、一年ないし二、三年の中断はあるもののほぼ毎年継続している。とりわけ佐々は回数、期間、旅程ともに多く、貴重な文物の収集に貢献している。とくになかでも宝延八年七月から十一月までの約半年間、吉野、熊野地方の資料収集では高野山にも参詣し、古来より門外不出の弘法大師御影堂文庫に納められた記録文書を閲覧し、後醍醐天皇、後村上天皇に関する綸旨《りんし》の筆写が特別に許されている。また紀州藩では、水戸徳川家とは縁筋にあることから、資料収集に惜しみない協力と歓待を受け、かえって恐縮しながら佐々は江戸に帰っている。

　貞享二年（一六八五）四月から十一月までの七カ月間、またも佐々は九州、出雲、北陸方面に派遣される。このときは単身でなく、丸山活堂《まるやまかつどう》も同行している。丸山は水戸藩歴代藩主の墓所である瑞龍山の墓守をする下級武士の息子であった。

　大坂から船で九州小倉に入り、その後は陸路で宇佐、長崎、熊本をまわって薩摩に入り、大隅半島に向かう。帰路は日向、筑後を経て博多にいたり、下関海峡を渡って山陰に向かう。出雲大社では特別なはからいで重要な古文書をあまさず筆写した。この旅程は一千四十余里（約四一六〇キロメートル）におよぶというから『大日本史』編纂にかける光圀の意気込みがいかに強いものかがわかる。

『大日本史』編纂に貢献した安積澹泊（あさかたんぱく）像（水戸市）

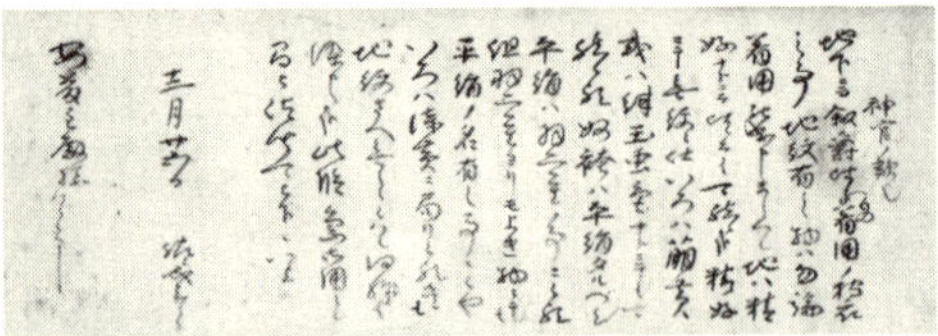

「佐々木介三郎書状」
神官の装束に関して、材質や柄などを安藤主殿に詳細に報告した内容。
（茨城県立図書館蔵）

『大日本史』と水戸学

元禄十年（一六九七）十二月、「百王本紀」がようやく完成した。神武天皇から後小松天皇までの一〇〇人の天皇の治績をまとめたものだが、鶴首の思いで待っていた同書は『大日本史』の骨格でもあるだけに光圀には感慨ひとしおのものがあった。本紀に続いて元禄十二年には皇后、皇子、皇女などの列伝が完成し、元禄十三年には群臣伝の一部が脱稿したからこれらにも目を通したところで光圀は七十三歳の生涯を終えた。

『大日本史』は南北朝の正閏《せいじゅん》★、王道と覇道、朝廷と武家の関係を明らかにするとともに皇統、皇室をことほぎ、武家はこれらを補完し、侵してはならないものとしたところに特徴がある。この思想は水戸藩から発したことからやがて「水戸学」といわれ、幕末には思想としての水戸学から行動原理の水戸学に発展する。

同書の本質は「本紀」と「列伝」に集約されるといってよい。前者は我が国の歴代天皇の治績を解明し、後者は皇室および将軍、群臣の治績を明らかにする狙いがあった。ただし史実の列挙にとどまらず、史実から道徳的思想的教訓をすくい取るとともにことの是非を明確にした点も『大日本史』の特徴だ。神功皇后《じんぐうこうごう》の女帝論否定、大友皇子の天皇即位、後醍醐天皇の南朝正統論など三点がそうだ。

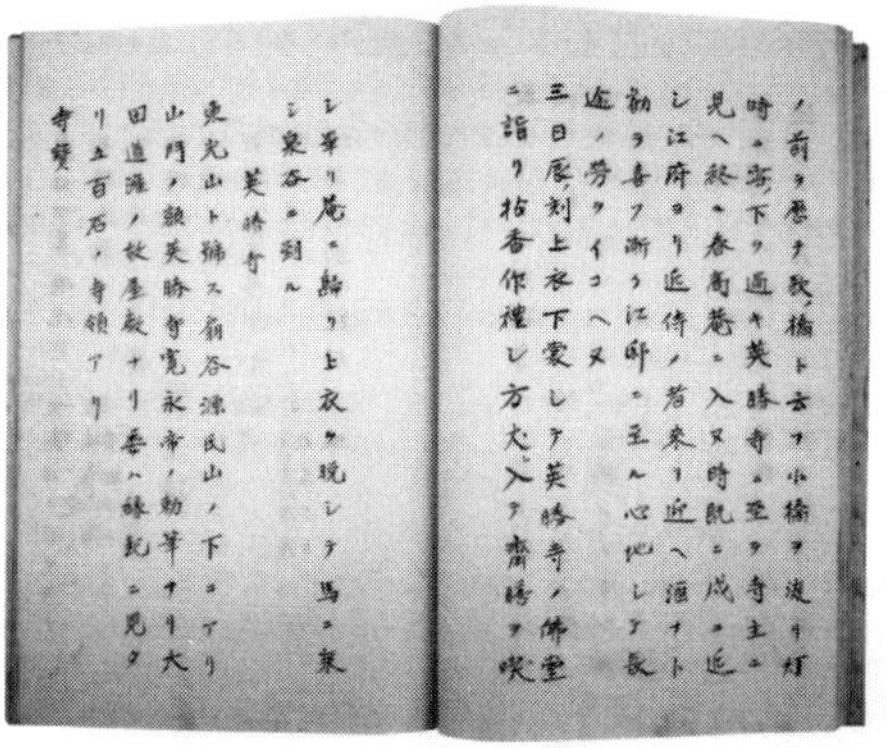

「鎌倉日記」光圀の生涯で最も長い旅の記録をまとめたもの。延宝二年（一六七四）四月二十二日に水戸を発ち、玉造、潮来を経由し、房総半島から鎌倉へ渡り、五月九日、江戸に入った。（茨城県立図書館蔵）

▼正閏
正しい系統とそうでない系統。

神功皇后は十四代仲哀天皇《ちゅうあいてんのう》の皇后。けれど仲哀天皇は熊襲《くまそ》征伐の途中、香椎《かしい》宮で急死する。そのため神功皇后が摂政となって実質的には天皇と同じ政治をおこなっている。しかし『大日本史』では仲哀天皇からただちに応神天皇に移行している。『古事記』の記述を根拠に神功皇后女帝論を否定し、本紀から除外した。

大友皇子は三十八代天智天皇《てんちてんのう》の実の子だ。ところが天智天皇の死去で彼の弟の大海人皇子《おおあまのみこ》が皇位継承を主張する。そのため皇位をめぐって叔父と甥が対立する。これを壬申《じんしん》の乱といい、結局大友皇子は自害して果てた。そこで大海人皇子は天《てん》武天皇《むてんのう》に即位する。けれど彼は皇位を簒奪《さんだつ》したとして『大日本史』は大友皇子を本紀に加え、天皇に列した。このことが明治三年（一八七〇）、明治天皇の勅裁につながり、大友皇子に弘文天皇の諡号を与え、三十九代天皇とした。

三大特徴のなかでも『大日本史』がとくに意をかたむけたのが南朝正統論だった。足利尊氏《たかうじ》は後醍醐天皇を吉野に追放し、光厳天皇を擁立して京都に朝廷を開いた。前者を南朝、後者を北朝と呼ぶ。ここに我が国始まって以来初の、二人の天皇が同時に並び立つという奇妙な歴史が約六十年間続く。

従来政治的実権は北朝が掌握していたなどとして北朝側を正統化した。ところが『大日本史』はこの歴史認識を根底からくつがえした。後醍醐天皇に譲位の意志はなく、三種の神器も継承している。足利尊氏は政権奪取の野望達成に光厳天皇を利用した逆臣、というのが根拠だった。以後南朝を正統とし、北朝を閏統《じゅんとう》★

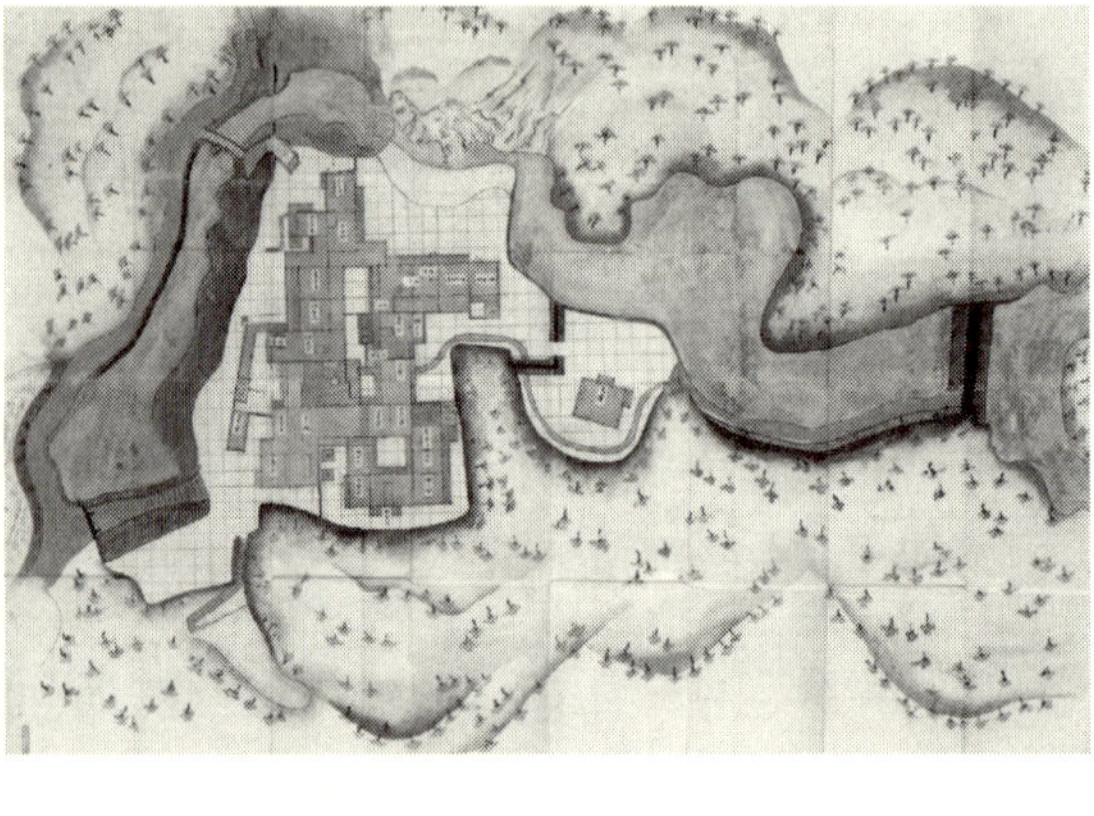

「西山荘御山家絵図」建設時の図面。（名古屋市蓬左文庫蔵）

▼**閏統**
正統でない系統。

とする歴史観が大勢を占めることになる。

西山荘で引退生活

元禄三年（一六九〇）十月十四日、六十三歳に達した水戸二代藩主徳川光圀は綱條《つなえだ》を三代藩主に就けると在位三十年の藩主生活を引退し、その年の十一月江戸を下って水戸城に帰った。

「くらゐ山のぼるもくるしおひの身は、ふもとのさとそすみよかりける」（『桃源遺事』）。

生まれ故郷の水戸に帰るにあたって詠んだ歌だが、現役時代に就藩のために水戸に入るのとは違い、今度は故郷に草庵をもうけ、引退生活を送るための水戸入りであって、老境の身を潜める光圀の、切なくもやるせない心境がかいまみえる。

光圀の帰国当時、西山荘はまだ工事の最中であった。西山荘は水戸から北方に約五里（二〇キロメートル）ほどの距離にあった。西山荘の近くには光圀の生みの母親であるお久を葬った久昌寺があり、さらにそこから一里ほど行ったさきには水戸徳川家歴代藩主の墓所、瑞龍山《ずいりゅうさん》がある。

工事も完了し、光圀が西山荘に引っ越したのは水戸入りから半年ほど過ぎた元禄四年五月初旬だった。現在西山荘の建物は四二坪ほどで、いかにも隠居所にふ

「久昌寺絵図」（茨城県立歴史館蔵）

「徳川光圀像」（茨城県立歴史館蔵）

さわしい枯淡《こたん》な趣のあるこぢんまりとした佇まいだが、これは光圀の死没後、火災や放置状態が長らく続いたからだった。光圀が入居した当時は三倍の広さをもっていたという。したがって完成するまでには大工、左官、茅葺き師、畳屋、石工などざっと一万五〇〇〇人もの職人が動員されたほか近在の農民たちも夫役に駆り出されたというから大掛かりな西山荘建設だったに違いない。だからこの西山荘のことを人々は「西山荘御殿」などとも称している。

転居にともなって「彰考館」も江戸と西山荘に併存し、『大日本史』の編纂事業を加速させる一方、光圀は近郷近在をしばしば遊覧しては領民と親しく交わり、酒宴をもうけたり四季のめぐりを祝うなど、悠々自適な生活を存分に楽しんだ。

とはいうものの年齢相応に心身の衰えは避けがたく、確実にやってきた。体力気力の減退から死期の遠くないことを光圀は自覚した。そのためいよいよ死後を見定めてこのように詠むのだった。

「ほとゝぎすなれもひとりはさひしきに、われをいさなへ死ての山路に」（『桃源遺事』）。

じじつこれを詠んだ数カ月後の元禄十三年十二月六日早朝、光圀は西山荘で静かに息を引き取った。波乱に満ちた七十三年の生涯であった。光圀の遺骸は歴代藩主の墓所である瑞龍山に埋葬され、死去後、義公と諡号《しごう》★された。

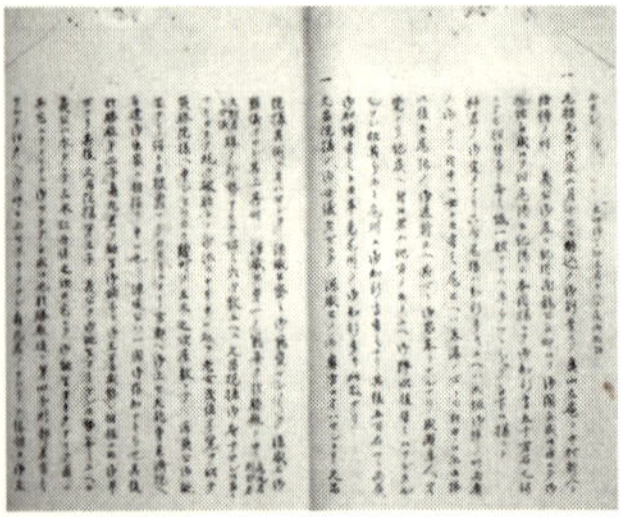

「義公遺事」
光圀没後、近侍していた中村顧言（篁溪）が、見聞した逸話などをまとめたもの。
（茨城県立歴史館蔵）

水戸二代藩主徳川光圀の霊廟
（常陸太田市）

▼諡号
死後生前の行いを尊んで贈られる称号。

これも水戸

源義光を祖とする安島帯刀と武田耕雲斎

安島《あじま》帯刀と武田耕雲斎はともに源義光を祖とする佐竹家と甲斐武田家につらなる水戸藩士だ。徳川家とはある種敵対関係にあるといってよい。佐竹家は徳川家康によって減封のうえ北国に追放されたからで、甲斐武田は幕府の直轄領と化していた。

源義光は近江国の新羅明神で元服したことから新羅三郎と称した。常陸源氏の祖だ。嫡男義業の子義昌が常陸国佐竹郷（現・常陸太田市）に土着し佐竹氏を名乗る。一方、義光の子義清は常陸国武田郷（現・ひたちなか市）に土着し、武田姓を名乗る。つまり義清と義昌は親戚関係にある。

佐竹家は常陸北部を治めていたが次第に南下政策をとり、小田氏や江戸氏を撃破し、常陸国の大半を支配する。豊臣秀吉の小田原攻めには佐竹義宣も出陣し、この功績から常陸五十四万石を領した。けれど関ヶ原合戦には参加しなかった。そのため秋田転封が申し渡される。この時安島信勝は同行せず、常陸国にとどまった。

安島帯刀は文化八年（一八一一）戸田忠之の二男として生まれる。戸田忠太夫は兄。忠之は三河譜代の名門戸田松平家の分家にあたり、母方が佐竹家につらなった。

帯刀は天保七年（一八三六）、叔父の安島信順の養子となる。安島家は先に述べたように佐竹家の家臣。けれど安島信勝は浪人となり、彼の子の信重も、常陸松岡藩主となった戸田政盛に仕官したものの、政盛もやがて出羽新庄藩に転封したため浪人となる。安島家が安定するのは徳川頼房が水戸藩主となり、重信の子、信次が仕官するまで待たなければならなかった。安島帯刀は密勅回達や一橋慶喜の将軍継嗣擁立などが問われ、安政六年（一八五九）八月、切腹に処せられた。四十七歳であった。

武田耕雲斎は、もとは跡部姓であった。それを藩主徳川斉昭の許しを得て武田に改姓した。改姓の理由は、祖先の跡部勝資が『甲陽軍鑑』で「奸臣《かん》」と記され、悪党にされているのを嫌ったこと、跡部家は武田家の守護代を世襲する名門であり、武田信玄の後裔にあたる——というものだ。

跡部勝資が「奸臣」であったというのは、武田勝頼の側近である長坂光堅とともに長篠の戦いで主戦論を強硬に唱えて大敗に追いやったというものだ。このほか天正七年（一五七九）三月の「御館の乱」では上杉景勝から賄賂の黄金を受け取った、あるいは天正十年三月の武田家滅亡時には武田勝頼を見捨てて逃亡したなどともいわれ、とかく印象がよくない。

武田耕雲斎にはこれが不名誉なこととしてトラウマになっていたのかも知れない。そのため斉昭の側近に仕えたのを機会に、甲斐武田、さらには常陸源氏につらなる者として改姓をもとめ、名誉回復をはかったものと思われる。このように水戸藩には源義光を祖とする佐竹や武田にゆかりのある藩士は少なくなかった。

これも水戸

小石川後楽園はもと水戸藩上屋敷

昭和二十七年（一九五二）三月、国の特別史跡および特別名勝のダブル指定を受けた小石川後楽園（東京都文京区小石川）はもと水戸藩上屋敷であった。ちなみに我が国で二重指定を受けているのは京都府の鹿苑寺（金閣寺）、慈照寺（銀閣寺）、広島県の厳島など七カ所だけという。

後楽園は岡山市にもある。そのため類似するので東京都の後楽園には「小石川」と冠をつけている。ただし命名の由来はどちらも同じであった。由来とは、すなわち中国宋代の文人であった范《はん》文正の著書『岳陽楼記』の、「士当先天下之憂而憂、後天下之楽而楽」――を指す。

朱舜水

名付け親は明の帰化人朱舜水《しゅしゅんすい》だった。約七万平方メートルという広大な庭園は築山泉水回遊式といわれ、園内には中国人が好む西湖や蓬萊島あるいは水面に映るすがだが満月に見える「円月橋」など、中国趣味が随所にほどこされている。

後楽園は水戸初代藩主徳川頼房が着工し、二代藩主光圀が完成させたものだが、国の特別名勝に指定されるだけあって観賞スポットは少なくない。さきにあげた円月橋などのほか園内中央の池「大泉水」、伯夷、叔斉の木像を安置する「得仁堂」、白糸の滝というものまである。

都会のど真ん中で滝が見られるとは意外だが、池の水にせよ白糸の滝にせよ、神田上水の分流をここに引き込んだからだ。このような点でも後楽園の築造当時の技術水準がいかに高かったかがわかる。同時に、尾張藩や紀州藩より石高は低いものの、見識の高さではひけをとらない水戸藩の面目をうかがい知ることができる。

うっそうと生い茂る樹林のあいだを、のどかなせせらぎを響かせながら小川がそそぐ。都会のオアシスというたとえがふさわしい後楽園は日中両国の趣向を取り入れ、自然美と人工美の妙味を兼ねた、我が国でも例の少ない庭園芸術を誇っている。

後楽園に隣接して後楽園スタジアムがある。後楽園スタジアムは、後楽園の国有地を一部払い下げてもらった正力松太郎読売新聞社長が昭和十二年九月、プロのための野球場を設置したことに始まる。

第二章　藩財政破綻と騒擾事件頻発

親藩、御三家、定府制など格式の高さが藩財政を圧迫した。

1 家格と石高の呪縛

水戸藩は、南領は平場にめぐまれ、農業もさかん。北領は山間部にあり、農業生産は限定的という地形的特徴をもっていた。そのため新田開発で増産を奨励。けれど表高は水増しとの疑問符も。御三家としての面目も保たなければならず、財政強化に歴代藩主は苦心した。

石高は加増したが

水戸藩は三十五万石であった。けれどこれは表高。つまり寛永十八年（一六四一）七月、頼房の時代に実施した領内検地で三十六万余石であることが報告されたのを受け、三代藩主綱條《つなえだ》が元禄十四年（一七〇一）、三十五万石とする表高を幕府に申請したことで公認された石高だ。

表高の修正は新田開発や興農政策による内高増加によるが、精度を欠いた検地の水増しもなくはない。実際寛永検地後も三十七万二千石あるいは三十七万四千石と増え続け、天保五年（一八三四）には三十八万七千石にまで増加する。

ところが天保十四年には三十一万七千石に激減し、表高より三万三千石も下まわる石高になった。これは幕府がより精密な石高を各藩に求めたため水戸藩も厳

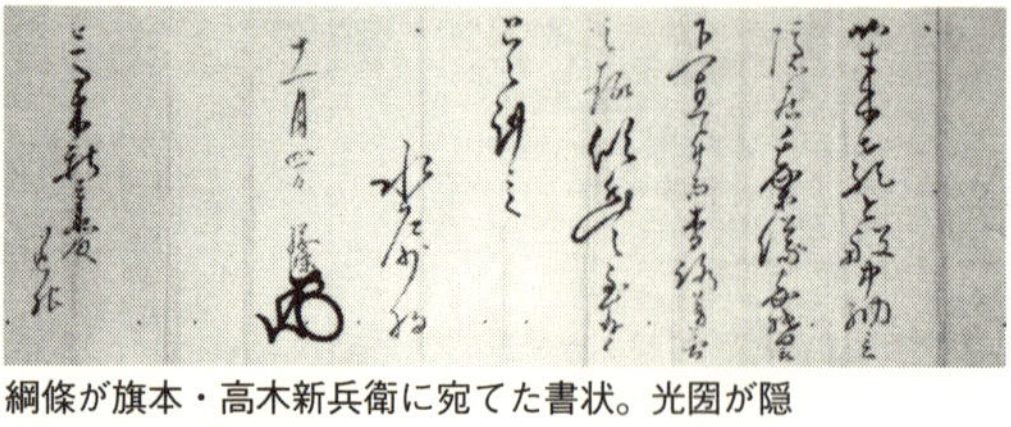

綱條が旗本・高木新兵衛に宛てた書状。光圀が隠居し、綱條が家督相続した折の祝いに対する礼状。（茨城県立歴史館蔵）

密な村高の算出をおこなったからだ。

したがって内高、つまり実際の石高はどうかというとはなはだ疑問。実際寛永検地で明らかになった水戸領における水田と畑の石高の内訳をみると、水田は約十七万三千石。畑は十九万六千石。総石高に占める畑作物の割合はほぼ六割近くに達していることがわかった。そのせいか、「国ニ禽獣魚柴薪多シ。土地中之上。米能ク生ズ。払ヒ中低也」(『土芥寇讐記』)と指摘されるほど。そのため水戸藩はこんにゃく、煙草《たばこ》、和紙の製造など山間地に適した作物栽培を奨励した。とはいえ山間地が多い水戸藩の財政基盤にはもろいものがあった。しかもそこへもってきての石高の加増につぐ加増だから領民の負担は軽くない。石高が増せばそれに比例して年貢も引き上げられるからだ。

検地で喜ぶのは藩主だけ。領民には苦痛のほかなにものでもない。表高の増加は租税の増加につながり、領民に跳ね返ってくる。そのため重い課税や理不尽な誅求《ちゅうきゅう》に反発する農民一揆がしばしば発生し、処刑あるいは虐殺など騒擾《そうじょう》事件も頻発した。

皆殺しの生瀬郷騒擾事件

悲劇の発端はこうだった。秋の収穫が終わり、一段落した生瀬《なませ》村の農民たちは餅をついて収穫を祝い、つかの間の休息を楽しんでいた。ところがそこへ突如武装した水戸藩の役人が襲い掛かった。

農民たちは逃げまどい、身を隠し、命乞いをする。けれど役人たちは容赦なく切り殺す、あるいは槍で串刺しにする。祝宴はたちまち断末魔の叫びに。農民が虐殺され、皆殺しとなった。ところがこの事件に関する水戸藩の公式な記録は一切ない。そのため虐殺の模様や発生年代は後世の著述家が関係者などから記録したものと思われる。慶長十四年（一六〇九）、元和三年（一六一七）、元和七年などと一定しないのはそのためだろう。

ただし惨劇が起きても不思議はない素地はあった。佐竹義宣は出羽に国替えしたが、同行せずに常陸国に土着した家臣たちもおり、新参者の徳川家に敵意や不快感を抱いていたこと、頼房着任までの七年間、城主不在がつづき、もっぱら城代家老に領内支配をまかせていたことなどだ。

城主不在の水戸領は家老の芦沢伊賀守信重が財務を仕切り、関東郡代の伊奈備前守忠次が領内村々を仕切るとともに検地をおこなった。検地は村々の田畑、山林、宅地などを測量し、正確な石高を把握すると同時に村落の人口、住民登録の調査という面もあった。そしてこれらをもとに租税が決められた。そのため検地は農民に負担と重圧を加えるものにほかならず、不平不満を増幅させる。わけても伊奈の検地は「備前検地」とのちのちまで悪評されるように、わずかな土地さえ寸分見逃さない厳しさだったという。そのため農民の不満は一気に高まり、ついには一揆へと直進した。一揆の模様を『大子町史』の「探旧考証」（高倉逸斎著）から引用するとこのようになる。

「慶長十四己酉年の十月十日、生瀬郷の百姓が、かねて年貢のことについて不満をもち、徒党を組み、出張してきた代官手代を殺そうと謀議したのを、ある村の名主が内報したので、芦沢伊賀が手勢を率いて出向してこれを平定した。このとき百姓に多数の死傷者が出、難を逃れて出奔したものも多く（以下略）」

「元和七年辛酉年十月九日、小生瀬村の百姓が、かねて代官手代の厳しい取り扱いに不満をもっていた所、庄屋新左衛門宅へ手代が出張した際、竹槍などをもって押し寄せ、宝泉寺の床下へ逃げ隠れた手代を襲って手傷を負わせた。この次第を庄屋の新左衛門が出訴したので、芦沢伊賀の率いる討手に農民たちが殺害された（以下略）」

代官手代の厳しい取り扱いとは、手代と称する者が村にやってきたので農民は年貢を完納した。ところが数日後、再び手代が現れ年貢米を催促。これを農民はてっきりニセ役人と思い込み、手代を殺害したうえ遺体も簀巻きにして水戸城下に運んで打ち捨てたというものだ。これが芦沢信重を激怒させ、やがて生瀬一村皆殺し事件に発展する。むろん頼宣《よりのぶ》はいまだ幼く、遠く常陸国でこのような悲惨な騒動があったなど知らない。駿河の城中で、家康に抱かれていたころのことだ。

身分制度で農民統制

幕藩体制の強化、封建社会の維持のため徳川政権は士農工商という身分制度をつくり、武士を頂点とする支配構造を確立した。身分制度は天正十六年（一五八八）七月の刀狩りや天正十八年の身分統制令などによって兵農分離、武家と農民の立場が固定化したことに由来する。武家は絶対的支配者として農工商の上に君臨し、苗字帯刀、切り捨て御免の特権が与えられた。

武士の次に農をもってきたのは、農民は幕藩体制をささえる経済の担い手だからだ。したがって身分上は商工より厚遇されてよいはずだが事実はむしろ逆。農民は被支配者として納税の義務、農耕放棄や農業以外への転業禁止、所在地からの移転禁止などさまざまな差別と統制で縛られていた。

農民のあいだにも、庄屋など村役人的存在の大前百姓、事実上の租税負担者の本百姓、耕作地を所有しない水呑み百姓、さらには大前百姓に隷属する下人、名子などの階級分化があった。統制は農民の衣食住にまでおよんだ。水戸藩の農民の場合はこうだ。まず衣服。一般の農民は布木綿、庄屋は絹紬《きぬつむぎ》または布木綿を着用し、襟帯は禁止。食べ物については、酒造、豆腐の製造は禁止。うどん、そうめん、きりまんじゅう、切り麦などの売買禁止。冠婚葬祭の華美禁止。日常の主食は米飯を減らして雑穀を多用。住居は分相応の家作としている。

農民の統制は生活上のみならず、実際の年貢にも現れた。年貢の納め方には定免法《じょうめんほう》と検見法《けみほう》がある。前者は過去数年間の収穫量をもとに年貢高を算出することをいい、後者は藩役人が実際に作柄を検視したうえで年貢高を決めることをいう。水戸藩は後者をとっていた。年貢米は、寛永十九年（一六四二）からは四斗二升入りとなり、増量された。さらにこのうえ年貢が蔵に入るまでに俵からこぼれる、小鳥がついばむ、ねずみに食われるなどの目減り分として一石につき一斗三升が加えられる。このほか鰤留役、酒桶役、馬札役などさまざまな名目の雑税が課せられた。

農民は自ら生産手段を所有し、経済の根幹をささえている。それにもかかわらず身分制度によって支配され、搾取される側にいた。これに対して武士は、生産手段をもたず、基本的には農民に依存し、寄生していたにもかかわらず支配し、搾取する側に立っていた。この矛盾が激化すると一揆が勃発する。

宝永五年（一七〇八）十二月から翌年一月にかけて水戸領全体を巻き込む大規模な強訴《ごうそ》が勃発した。騒動は、松波（浪、並とも）勘十郎が推進した運河開削工事にともなう領民の徴用と酷使に対する反発が発端。浪人であった松波は棚倉藩（現・福島県棚倉町）に仕官し藩政改革に携わったのを買われて、三代藩主綱《つな》條《えだ》が召し抱え、水戸藩の財政改革に当たらせた。松波は着任早々役人のリストラ、新田開発、年貢の増収、さらに一部の商人に独占された営業権、営業地域を廃止する、いわゆる規制緩和をはかるなど大胆な改革を断行。

　松波の改革をのちに「宝永の新法」「宝永の御改革」などと呼ぶが、松波は涸沼と北浦を結ぶ約二・五里の運河開削で改革の締めくくりにした。運河新設は下野、岩代方面からの船運輸送に具することで津役銭（通船税）を徴収するねらいがあった。

　開削工事は宝永四年五月、工事に邪魔な河川敷の森林伐採から始まり、七月中旬いよいよ運河掘削が開始した。けれど土砂崩れや浸水などで工事は難航。その都度設計変更が余儀なくされた。工期の延長、予算の上積みはめぐりめぐって結局領民にふりかかる。

　工事開始から一揆で工事が中止する宝永五年末までの約一年半に動員された人足は延べ一三〇〇万人から一四〇〇万人といわれている。人足の大半は領内の農民だ。人足の賃金は一日一五〇文とされた。ところが実際は半分。しかも銭札で支払われ、さらに宝永五年一月になるとこれがまったく支払われない。

　賃金だけではない。運河新設で取り上げられた土地代、資材運搬、牛馬の使役代などの支払いも滞っていた。おまけに夜はドロと汗でよごれた体のまま農家の納屋、あるいは軒下にごろ寝し、十日、時には二週間も酷使された。

　徴税、過重労働、賃金の遅滞――。農民の忍耐もほとんど限界に達し、宝永五年十二月、水戸領北部農民はついに決起。翌六年一月には一〇〇名の農民代表が水戸藩江戸上屋敷に乗り込み、年貢米の減免、賃金の支払いなど三〇項目の要求を羅列した訴状を提出するという越訴《おっそ》に出た。北部のみならず実際に運河工事の対象地域になっている南部の農民も合流し、一五〇〇人とも二〇〇〇人ともいわれる農民が江戸に上った。要求も年貢の減免や賃金の支払いだけではなく、運河工事の即刻中止、松波勘十郎の罷免といった藩政策の方針転換を迫る強硬なものにかわっていた。

農民たちは当初、藩主綱條に直訴するつもりだった。けれど将軍綱吉の死去による物忌みであり、穏便にとの配慮から守山藩主松平頼貞に仲介を依頼した。これが功を奏し農民たちの要求は一月二十七日、藩の上級役人が農民代表に容認を伝えたことで決着した。かくして宝永五年の一揆は農民の全面勝利で終わった。松波勘十郎の名から「かんじょう堀」「かんじん堀」などと呼ばれ、運河の跡地が今でも残っている。罷免後の松波はいったん関西に向かったが再び水戸に戻ったところで水戸藩の捕吏に捕らえられ、水戸城下の赤沼の獄舎に投獄された。運河建設をめぐる不正疑惑が発覚したからだ。宝永七年十一月に獄死する。

天明の大飢饉

天明元年（一七八一）七月の大地震で水戸藩小石川上屋敷が全壊し、十二月は菜の花が咲く、竹の子が出る、雷があるなど不安定な陽気が続き、人々は異常気象に不吉なものを予感した。案の定、予感はやがて的中する。天明三年五月、初夏だというのに綿入れが手放せないほどの寒さがつづく。七月には浅間山の大噴火が追い打ちをかけ、熱泥流が山麓一帯を襲う。噴煙、火山灰は遠く常陸国まで飛散し、昼間でさえうす暗く、視界をさえぎるほどだった。

冷害、噴火、凶作――。トリプルパンチで打ちのめされた奥羽地方はとりわけ悲惨をきわめ、餓死者が絶えないありさま。難民化した人々は水戸領内にも流れ込み、行き倒れ、捨て子が相次いだ。小宮山楓軒は後年、流民の様子をこのように書き留めている。

「奥州からの流民で倒死する者が多く、その死体を郡吏だけでは間に合わず、山横目に命じて取り納めた。盗賊も多く、諸国で打ちこわしが頻発した（以下略）」（『水戸市史』中巻二）。

凶作や飢饉につけ込み、暴利をむさぼる阿漕《あこぎ》なやからはいつの時代にもいる。天明二年十一月に起こった小生瀬、高柴（どちらも現・大子町）など四カ村の農民

「天明飢饉之図」（福島県会津高田町蔵）

騒動も、穀物業者が他領で買い占めた大量の穀物を水戸城下の商人に売りさばいたため村内の穀物の買い上げが激減。これに怒った農民が大挙して穀物業者六人の家に乱入し、穀物を奪い、家屋などを破壊したのが発端だった。

このような事態を未然に防ぐ、あるいは農民の生活ぶりを把握するためにも藩主のお国入り、つまり就藩《しゅうはん》は欠かせない。就藩は領地の実情を目と肌でたしかめる絶好の機会であり、藩政に反映させるうえで重要だからだ。まして雑草で飢えをしのぐ者さえいた天明の飢饉、太田村の鋳銭座一揆、さらには打ち壊しや水戸城下にしばしば発生した不審火など、水戸領内はざわざわし、領民のあいだにはやり場のない不満、不信が鬱積していた。領民のこころを慰撫するためにも藩主の帰国は望まれる。ところが八代藩主斉脩《なりのぶ》などは一度も就藩なし。六代藩主治《はる》保《もり》や七代藩主治紀《はるとし》もまた藩主在任期間中一回しか就藩しておらず、就藩にさほど熱心ではなかった。

藩財政の窮乏という事情はあるにせよ、就藩の頻度は藩政への熱意に比例しよう。江戸の上屋敷にこもっていては領民の窮状などわかろうはずもないからだ。

2

水戸藩新設と新旧混成の家臣団

幕藩体制が整備され、身分の定着化がすすむにつれて藩士の出世も頭打ち。出世はそのまま俸禄の多少につながる。そのため苦しい家計に内職に精出す藩士もいれば、破産して他国に逃亡する藩士も少なくない。

新規につくられた水戸藩

佐竹義宣《よしのぶ》を出羽に国替えさせたあと、徳川家がやってきて水戸藩はできた。それまで徳川家と常陸とはまったく縁もゆかりもなかった。そのため水戸藩は徳川家の赴任によってつくられた、いわば新規の藩といってよい。

だいたいの藩は戦国時代から武士団を形成しているため、たとえ国替えがあっても譜代の家臣を抱えている。けれど水戸藩はもともと水戸とは無縁だったから藩主も新顔なら家臣も新たにそちこちから寄せ集めて召し抱えた新参者だった。だから浪人であった者もいれば、他藩からヘッドハンティングされた者、あるいは旧敵の佐竹一族にゆかりのある者もおり、水戸藩の家臣団はしたがって新旧藩士による混成部隊といってよい。新規登用の様子をみると次のようになる。

慶長年間（一五九六〜一六一五）に新たに登用した家臣数は一七六人。これが元和年間（一六一五〜一六二四）には、新規登用家臣数は二〇五人に増え、毎年平均二一人ほどが家臣に加わっている。さらに寛永年間（一六二四〜一六四四）になると新規登用家臣数は二一八人に達し、年間平均一一人が新たに採用されている。

二代藩主光圀の時代になると新規登用家臣数は一四五人にのぼり、毎年七人ほどが家臣に取り立てられている。そのため寛文年間（一六六一〜一六七三）にまとめられた「分限帳」をみると水戸徳川家の家臣は一〇六七人。ただし家臣数には手代、同心、足軽、茶坊主などは含まれていないから、これらも加えると水戸藩はおよそ三六〇〇人の家臣団を擁していたといわれる。

藩成立当初は新規採用数が多かった。これは藩の態勢がまだ脆弱だったから、基盤強化には有能な人材の確保が急務だったことによる。そのせいか、家臣はそちこちからかき集められた者たちだった。たとえば武田信吉《のぶよし》の時代には万沢君基、馬場時忠など甲州勢を中心とした家臣団があり、頼宣《よりのぶ》の時代には、八王子城主の北条氏照の家臣である中山家範の遺児、信吉が家老として水戸藩に仕えたことで北条勢の家臣団が生まれた。頼房の時代には里見家や堀田家につながる家臣が加わっている。

光圀の時代になると、元下野国小山城主の一族である小山秀堅、あるいは旧敵の佐竹家につらなる者さえ登用した。このように、水戸藩形成期の家臣団は徳川、武田、北条、佐竹などにつらなる者たちで形成されていた。寄せ集めといったのはこのためだ。

家臣の出世コースと下級藩士

水戸藩は下級藩士が多数を占めているのが大きな特徴だ。

「寛文分限帳」に記載された一〇六七人の家臣中一万石以上の石高を知行する家臣は二人。一千石以上が二八人。五百石以上が三一人。残り一〇〇〇人の家臣は五百石未満。ついでに他の御三家の分限帳を見ると、尾張藩は一万石以上が四人。一千石以上が八五人。五百石以上が七七人。紀州藩は一万石以上が二人。一千石以上が六八人。五百石以上が一二〇人となっている。ただし尾張藩は「寛永分限帳」、紀州藩は「宝永分限帳」だから、水戸藩とは時期も違えば石高も違うためただちに比較はできない。

家臣は石高によってそれぞれ上・中・下にランクされ、ランクの目安は一千石以上を上士、五百石程度を中士、二百石程度を平士という。平士の下に切米《きりまい》取りの下士がいる。家臣たちの禄高は知行によって決まる。知行とは主君から下賜された土地をいう。別に給地、采地などとも呼ぶが意味は同じ。知行から上がる年貢を自家の生計に当てたので、知行は家臣にとって経済基盤であり収入源だ。知行を持たない家臣もいる。下士といわれる徒士《かち》、あるいは足軽、中間、小者などがそうだ。これらには切米《きりまい》ないし扶持《ふち》が与えられた。切米とは藩から給米、給金が与えられることをいう。そのため切米取りのことを無足《むそく》、あるいは部屋住みなどともいった。扶持とは一人当たり一日五合の玄米が与えられることをいう。

前出の「寛文分限帳」から水戸藩の知行取りと切米・扶持の家臣数をみると、前者は五五八人。後者は五〇九人となっている。知行高の多い上士は当然のこととして家老、大番頭など藩の中枢部に就いた。とはいえいきなり大役に就くわけではない。段階を踏んで昇級する。

たとえば頼房に仕えた白井忠左衛門は百五十石の小姓からスタートして腰物番・歩行頭・小姓頭・書院番頭・大番頭と昇級し、千五百石に加増した。大老にまで出世し、千五百石取りとなった岡崎昌純は小姓・腰物番・歩行頭・供番頭・書院番頭・大番頭・寄合頭と昇級し、ついに大老職を得た。佐野伊織の例をみると、小姓から始まり、大番組・書院番組・小納戸役・供番頭・供番組頭・先手足軽頭と昇進し、三百五十石の知行を得た。

出世し、知行高が増してゆくのは武士にとってこれ以上の名誉はない。けれど喜んでばかりもいられない。知行高に応じて家来や奉公人を雇用しなければならないからだ。雇用は軍役に具するためだが、一千石取りなら一〇人、千五百石取りなら一五人の雇用ともいわれ、一万五千石取りの水戸藩家老中山信吉、おなじく一万石取りの山野辺義政などは二〇〇人からの家来、奉公人を抱えていたから給金の負担は小さくない。水戸藩の場合、家来や奉公人の給金は草履取りで一両二分、上若党で二両一分（いずれも水戸勤務）であった。飢饉や自然災害が藩の財政悪化に追い打ちを加え、水戸藩士の勝手向きは容易でなかった。そのため家臣たちには限られた許容範囲のなかで知行所をほぼ均等に分配することになり、それがまた水戸藩に、三百石程度の平侍を多くしている要因にもなった。

水戸藩は三十五万石。このうち藩の取り分である蔵入りはざっと十八万六千石に達するから知行所は残り十六万四千石。これを約一〇〇〇人の藩士が分け合う。しかもさらに十六万四千石のうち六万二千石は一八人の家老職が独占しているから、ますます一人当たりの知行所は減る。平侍が多いのはこのような理由からだ。

かぎられた知行所を多数の給人で取り合う。だから知行所をいかに割り振るか苦心する。ひとつの村を複数の給人で分割知行する「相給《あいきゅう》」、あるいは知行所が小分けされ、複数の村にまたがる「分散《ぶんさん》」などの方法が水戸藩では用いられた。

知行所の振り分けだけではない。水田と畑との組み合わせにも苦心した。水戸領内は山間地が多かったので水田が少ない。そこでとられたのが「四十七五十三の法」だ。すなわち知行所百石ならば四十七石分の水田、五十三石分の畑を与えるというものだ。

ただし田畑が平場にあるかどうか。地味が肥えているかどうか、作柄のよい土地かどうか。日照や水利はどうか――。条件は一律でない。これでは不公平。ここでも水戸藩は工夫をこらした。つまり領内の知行所を一旦藩庁がすべて吸い上げたうえで、過去三年間の収納額を平均化した数字を基準にし、条件が悪ければ知行所を増やし、石高に見合った収納が得られるように配慮した。このような点も「相給」「分散」を多くし、ひいては平侍の裾野をひろげる要因になった。

藩士には知行のほか役料という名目の手当が支給された。役職に応じた役料もけっこうウマ味があった。たとえば若年寄ならば物成（現物）二百石。郡奉行や馬廻頭なら物成百石。小姓頭なら物成五十石の役料が出た。この役料ほしさに役職にありつこうとして上役に取り入る者も少なくないというから、いつの時代にも出世に汲々とする不心得者はいるものだ。また不平不満を爆発させたことから家名断絶に追いやられた家臣もいるほどだった。

お家断絶の理由の大半は刑法上の処罰、後継者のない無嗣、この二つに分けられる。初期の水戸藩は出身や氏素姓の明らかでない家臣団で形成されたため、これがお家断絶の要因にもなった。

まず刑法上でいえば穂坂八郎右衛門や山口弥惣兵衛、あるいは徒士衆一〇〇人の大量改易などがある。穂坂は武田勢の出身。頼房に仕え、五百石取りの中級藩士だった。子がいなかったので穂坂は藩に内密で下賤な女が生んだ男児を養子にした。ところがこの不正行為がやがて露見。穂坂は切腹、妻は死罪となり、慶安三年（一六五〇）には絶家となった。

養子縁組について水戸藩は、幕府の「末期養子《まつごようし》の禁」にならって寛永二十年（一六四三）三月、嫡子のない当主が臨終に際して急遽養子を迎え、相続をさせることを禁じた。もっとも、寛文三年（一六六三）には、当主が五十歳以下、養子が十七歳以下であれば容認、と緩和された。

山口弥惣兵衛の場合は水戸城下の藤柄町や枝川宿界隈の遊女屋に入り浸り、遊蕩無頼な行為を繰り返していたのが咎められたもの。山口の行為は藩法の「忠孝に励み、礼儀を正し、風俗を猥すべからず。もし公務を掠め、私用を繁くして無作法の輩は厳科に処する」――に抵触する。そのため山口のほか八〇人もの藩士が「所構《ところがまえ》★」となった。無嗣による断絶で目を引くのは、五千石取りの三浦為次や四千石取りの松平重成、水戸藩草創期の重鎮芦沢信重などがいる。重臣でこうなのだから、下位になればなるほど絶家例は増えよう。なにしろ元禄以前に登用された九八五家臣中四五七人、半数近くがお家断絶の憂き目をみているのだ。とくに天和・元禄年間（一六八一～一七〇四）は九七人、宝永・享保年間（一七〇四～一七三六）は一一二人にも達している。絶家の理由も改易ないし賜暇《しか》、つまりひまをとらせて退去を命じるケースが多い。

お家断絶が絶えないのはそれだけ藩法が厳しいか、それとも家臣の綱紀が乱れているのか、いずれかだろう。

▼所構
居住地から追放すること(所払いと同じ)。

士風紊乱・犯罪多発

綱紀の乱れは士風の紊乱につながる。文武のたしなみを軽視し風俗流行に走る。さらには詐欺、窃盗、強盗など金銭がらみの犯罪や粗暴が多発する。

寛政の改革に取り組む松平定信は倹約令を徹底させ、皇室や大奥の経費削減に大ナタを振るう。あるいは風俗流行の取り締まりにも乗り出した。私娼《ししょう》、公衆浴場での男女混浴の禁止。煽情的な書籍の発禁、賭博の禁止などを強化した。

幕府の強化策は水戸の奉行所にも布達され、領内の遊郭、賭場、かけ的《まと》などを封鎖し、客の出入りを禁じた。水戸領内の遊郭は潮来と大洗の祝町に設けられ、光圀が公認したといわれている。

賭博は取った取られたのみならず、喧嘩口論はては殺傷沙汰にまで発展しかねない。だからそのような場面に遭遇した時に取るべき武士の心得をしめした「士人用意集」なるマニュアルが文化十二年（一八一五）に発行されたほど。

夜中に喧嘩をおこした時は火事にならないよう灯火を消すこと。人が討たれた場面に出会った時は加害者をその筋に届け出ること。加害者を規制した時、加害者が逆上して切りかかってきたなら、切り殺してよい。その時は、誰それを討ち取ったり、と声高に叫ぶこと。敵がいる者は夜は戸障子・壁際に寝ないこと。入浴の時もそばに手桶なり棍棒などを置くこと。刀剣を見せろといわれた時は、まず小刀を見せ、二刀同時に見せないこと——といましめている。

けれどいかに取り締まりを強化し精神論を説いても、退廃堕落の一掃は到底困難。ただでさえやり繰りしながらしのいでいるのに、そのうえ財政の立て直しを理由に支給される俸禄の半分を強制的に天引きする「半知借上」で家臣はいっそう切り詰めている。生活の困窮は金銭がらみの犯罪をも誘発する。

寛政七年（一七九五）十一月、本間八五郎を首謀とする藩士三〇人が強盗などの罪で斬首刑、改易、逼塞《ひっそく》に処せられる。同八年三月には郡手代の安藤理衛門ら一二人が農民の名を騙《かた》り、役所の公金を不正流用したため追放に処せられた。同十年八月には藩所有の武器を密売したうえ代金を横領した手代の近藤喜衛門は蟄居、高岡五郎兵衛ら四人は梟首《きょうしゅ》、小園甚蔵は磔《はりつけ》の極刑に処せられるなど、経済事件が相次ぐ。

むろんこのほか酒乱、痴情がらみの悶着も絶えない。寛政元年七月、千本仙太郎、岡谷市左衛門らは遊郭にあがった勢いで幕府の御家人に因縁をつけて切り殺したことから斬首刑。両人の家族も賜暇に連座。さらには同七年二月の沢畑与十郎のように、泥酔したあげく大立ち回りを演じたため永の暇を出され、賜暇の処分を受けるといった例もある。これら一連の不祥事は生活苦、貧困が人心荒廃をもたらす好例だ。

◇3

水戸城下町と商人

武士は食わねど高楊枝……などとうそぶいていられない。
背に腹はかえられず、筆から農具に持ちかえ、野菜づくりにはげむ。
身分は武士でも勝手向きは火の車。

上町・下町の整備

水戸市民は、水戸の市街を指して「上町」「下町」という呼び方をしている。上町、下町の呼称は寛永二年（一六二五）前後に始まった「田町《たまち》越」に由来する。初代藩主頼房は、水戸城郭の整備および機能充実と並行して城下町の区画整理にも着手した。城下町はすでに佐竹時代から形成され、原型はできていた。ただしそれは城郭の周辺あるいは南西方面に集中し、しかも武家屋敷と町人屋敷が混在するなど雑然としていた。そのため頼房は千波湖や桜川周辺の湿地帯を埋め立て、新たな市街地を造成して武家と町人を移転させるとともに、それぞれの屋敷のエリアを明確に分離させた。

旧市街地は台地にあった。そこを上町と称した。これに対し千波湖周辺の埋め立て地にできた新市街地は下町と称した。上町と下町は水戸城のお膝下にある西柵町と東柵町が境界をなしている（現在のJR水戸駅付近）。造成と区画が完了した下町には上町の武家や町人の移転が始まった。この移転をいわゆる「田町越」といった。

下町の造成には二つの狙いがあった。下町を新たな商業地の拠点にするというのがまずひとつ。ふたつめは、武家屋敷と町人屋敷を移転させ、そのうえで上町を再開発し、こちらも武家屋敷と町人屋敷を区画整備するというものだ。

新規登用で増加する家臣の衣食住を手当てする必要がある。けれど既存の上町だけでは許容に限度がある。また、家臣の増加は城下町の消費や都市的生活をも促進させるため上町の商人だけでは要望に応じきれず、下町の造成はなおさら待ったなしだった。

下町は、水戸城を中心にして扇状に開発された。そのため城郭周辺は武家屋敷を配置した。そして配列は、本丸にもっとも近いところに家老職など重臣が住み、次に中級藩士が住んだ。手代、小者、足軽といった軽輩になるにつれて距離が遠くなり、さらにその外縁部を町人屋敷が取り囲んだ。

下町の開発、上町の区画整理などによって城下町の様子は一新し、新しい町名が次々と誕生した。寛政九年（一七九七）頃には下町に白銀町、荒神町、水門町など三五町が登場し、上町と合わせると水戸城下には七二町がひろがっていた。

武士の生活

武士といえども勝手向きはかんばしくなかった。飢饉だの風水害などで蔵入りが思わしくないぐらいだから俸禄や切米の減額、遅配はあたりまえ。ましてもともと薄給の下級武士ともなれば藩庁からの俸禄だけでは到底暮らしが立たず、非番の時には主人も加わり、一家総出で蓑笠編み、うなぎの串けずり、傘張り、煙草きざみなどの内職に精を出す。

屋敷の一角に畑をつくり、野菜などを収穫するほか梅、竹、茶などを植えて食料の確保に余念がなかった。十五石五人扶持のある水戸藩学者などは、筆のかわりに農具をもち、大雨の日にもかかわらず蓑笠姿で屋敷の畑を耕し、大根づくりを始めたというから、学者といえども貧乏暮らしでは背に腹はかえられない。

日々の生活に追われ、ふところはいつも素寒貧。武士は食わねど高楊枝などとやせ我慢はいってられない。食べるために武具甲冑さえも質草に入れ、もはや武士たるものの矜持さえ放擲するありさまだ。だから柴山儀衛門の例は、下級武士なら誰でもあり得るものだったかもしれない。享保十六年（一七三一）三月、柴山はささいな窃盗事件を引き起こし所構《ところがまえ》となり、妻子ともども水戸から追放された。この時役人が柴山の家財道具を処分したところわずか一六一文で、割れた鍋ふたつ、ひびが入った茶碗ふたつは買い手もつかずに残ったという。

上級武士にしても大きな違いはない。屋根は茅葺きの田舎屋風。畳は擦り切れて中のワラがはみ出すありさま。かまどからもうもうと立ちのぼる煙で壁や天井はすすだらけ。障子やふすまもつぎはぎしながら保っている。それぐらいだから奉公人も安い給金で使える知行所の者を雇い、むだな支出は極力抑えたと、ある水戸藩お抱えの学者の娘は告白している。

上士も下士も台所は火の車。日々の暮らしに汲々としているので、法度を破り犯罪に走る、あるいは武士としての体面や義理を欠く者がいるのも当然だろう。家臣の生活安定には、入るをはかって出るを制する。藩の歳入アップが前提になる。そのため水戸藩は農民に年貢米の誅求をおこない、商人にはさまざまな商品の専売権を与え、あるいは統制権を行使することで運上金の徴収をはかった。

新規に開発された「下町」にも「上町」と同じく穀物商売の取引所が開設され、事業者には穀物の専売権が与えられた。穀物のほかにも瀬戸物、塗り物、太物類あるいは酒造、製紙などに対しても専売権が付与された。とりわけ酒造、製紙、太物類は重立商品《おもだてしょうひん》（主要産品）として、水戸領の数少ない産業のなかで奨励され、保護と統制を受けていた。寛文五年（一六六五）、水戸領六郡内には一七三九人の酒造業者がいた。そのうち水戸城下だけでも一九九人の業者がいた。けれど酒造は米の収穫量に左右されやすい。不作となれば米価は高騰し、酒造量の減産をまねき、収益に跳ね返る。そのため酒造業者は米の安定供給、あるいは他領産酒の領内入荷禁止措置を藩庁に申し入れ、これを認めさせている。

ただし保護は統制にもつながり、業者の自主性や競争の自由に縛りをかけるため、もろ刃の剣でもある。現に水戸藩は酒造桶に業者の焼き印を押す、評定所に酒屋元売帳を提出させ、酒造石高を報告させる、酒の価格は米の相場や諸経費を勘案したうえで藩庁が決定する、売れ残った分を差し引いた酒量高に対して運上金を上納させる――といった措置をとり、酒造業者を統制した。

太物とは木綿のことをいう。木綿も水戸藩の基幹産業だった。木綿産業は農家の副業としてさかんにおこなわれていた。水戸城下の繊維問屋には領内ばかりではなく下野、岩代方面からも製品が入荷されていた。水戸藩は市中の七軒町に織《お》維取引の専売権を与えるかわりに業者から織木綿一表（俵）につきびた一〇〇文、繰《くり》綿一表につきびた八〇文の荷口銭（移入税）を徴収した。

天和三年（一六八三）には口銭仕法を定めた。

一、売口銭は、一日に販売した反物一反につき、銭二文を太物商人から徴収する。

一、買口銭は、購入代金一両につき銭八文の割合で、反物の買人から徴収する。

一、七軒町の店商人が白木綿を仕入れ、紺屋に染めさせた場合は、反物一反につき二文ずつの口銭を七軒町に納めること。

一、領内外の商人が水戸に木綿を持参し、紺屋で染めさせた場合は、反物一反につき二文ずつの口銭を七軒町に納めること。

一、遠国商人が問屋を通じて木綿を仕入れ、染めさせた場合には、購入代金百両につき三分ずつを買口銭として問屋に納めること。

一、宿をとらない小商人からは、買い入れた木綿一反につき二銭ずつの口銭を徴収すること。

一、切れ売り（青染）の小商人からは、見世賃だけ取り、口銭は取らないこと。

紙については水戸藩が全面的に専売権を掌握していた。常陸国は奈良時代から紙漉きがおこなわれていた。とくに近世にはいると常陸国北部山間地域の産業としてさかんになった。時代とともに紙の需要が増すにつれて江戸の商人たちがおとずれ、前金を渡して紙の買い占め、価格支配をはじめるようになる。そのため水戸藩は貞享五年（一六八八）、紙漉き業者に資金を無利子で貸与し、紙商人の借金返済にあたらせたのを契機に藩が紙をすべて買い上げ、販売することとした。水戸藩は紙の専売権をこのように定めている。

一、領内産のすべての紙を貞享五年から藩の蔵へ買い上げ、各地に紙の市を立て指定の紙商人に売り払う。

二、紙市には江戸商人、そのほか他領商人の出入りも自由とする。

三、領内商人でも、紙漉き業者との直接取引を禁じる。

四、諸国商人の売買は現金取引とし、掛け売りは認めない。
五、紙の売買にはその道に通じた役人を任命する。
六、鹿皮紙は藩が買い上げ、販売も藩がおこなう。
七、他領商人からの借金、前金を禁じる。
八、原料のこうぞ仕入れ資金は必要に応じて藩が貸し付ける。
この規定で水戸藩は紙の独占権をにぎり、買い入れ価格、販売価格を統制して差額を藩庫に納め、藩の財政基盤強化をはかるのだった。

東国と陸奥を結ぶ水戸の諸街道

商業の活性化には交通網の整備が前提になる。道路はヒト、モノ、カネ、情報をもたらし、活発にするからだ。とくに常陸国は東国と陸奥を結ぶ重要な地。江戸時代に入ると徳川御三家として水戸と江戸との交流が頻繁になり、道路網も次第に整備されてゆく。徳川幕府は人や物流の統制をはかり、中央集権の徹底化から慶長九年（一六〇四）ごろから東海、日光、東山、甲州、中山の五街道を整備した。そして日本橋を起点に一里ごとに塚を築き、榎を植えて里程標とする。あるいは栗橋、箱根、小仏などに関所をもうけ、「入り鉄砲に出女」に目を光らせる。つまり銃器、弾薬など武器の江戸市中持ち込み、人質として江戸屋敷におか

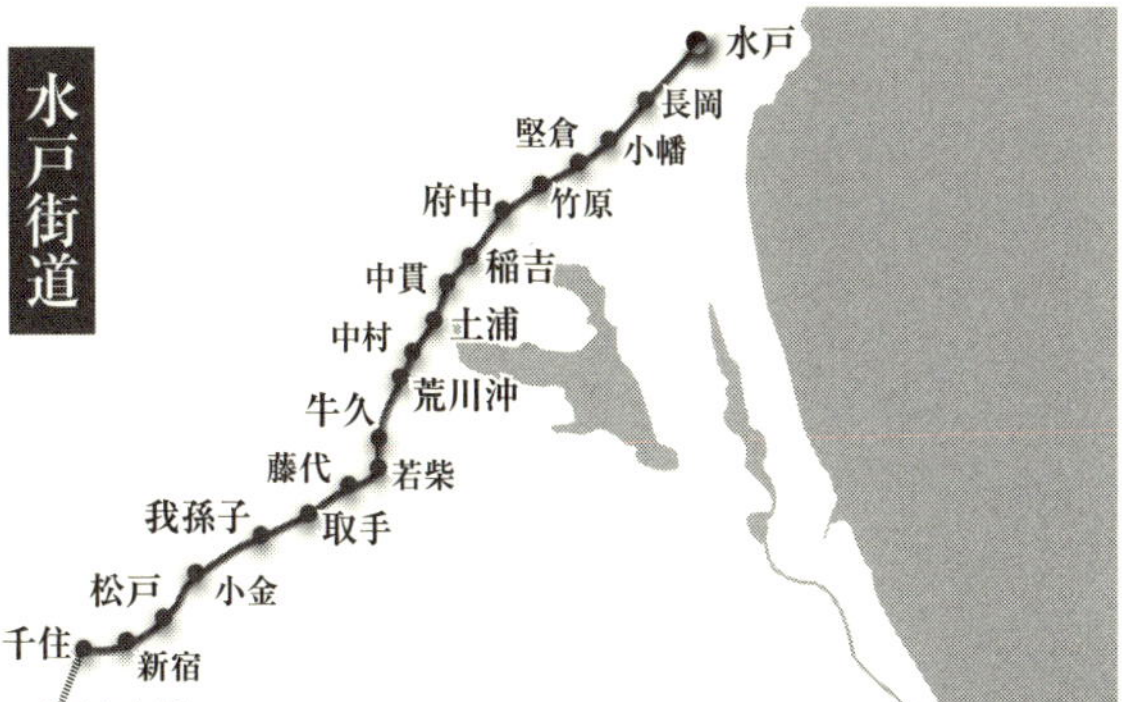

れた大名の妻女の江戸逃亡を監視するというものだ。

水戸は、水戸街道を江戸千住からかぞえて二〇番目の宿駅であった。水戸からさらに磐城平、相馬に向かう磐城街道が北方へと延びる。このほか水戸領には、水戸を起点として磐城棚倉にいたる棚倉街道、住吉・柿岡を経て下総瀬戸井に向かう瀬戸井街道、太平洋に沿って鹿島・波崎を通って下総飯沼に通じる飯沼街道、八溝・磐城塙・白河・会津に至る南郷街道などがある。

二〇の宿駅では旅人の宿泊、飲食、物流の便宜をはかっていた。大名が宿泊する旅館を本陣といった。そのほか飲食と宿泊が同時にできる旅館があり、自炊しながら宿泊する木賃宿などがあり、人や荷物を輸送する伝馬役が常備されていた。東海道には荷役人一〇〇人と馬一〇〇匹、中山道には荷役人五〇人と馬五〇匹、このほかの三街道や水戸街道は荷役人二五人、馬二五匹と幕府は定めている。

馬の荷物を荷駄という。荷駄の輸送量は四〇貫と制限された。駄賃もきまっていた。水戸藩も幕府の規定に従い、寛永九年（一六三二）十二月には荷駄四〇貫一里につき駄賃一六文。人足一人一里当たり八文とした。けれど寛永二十年七月になると同じ重量、距離で駄賃二五文、人足も駄賃の半分というから約一三文と値上げする。ただしこれ以上の駄賃を要求した者は入牢二〇日に罰せられた。江戸から水戸本町まであらまし三〇里一四町。二泊三日の旅程であり、駄賃は一貫二九五文だった。

④

庶民の暮らしと娯楽

娯楽は暮らしと経済をしめす豊かさ指数。さかんなのは人々の暮らしも豊かな証拠。献金郷士は財政強化の一環として導入した苦肉の策。郷士も士分。身分の上下もカネ次第。綱紀はゆるみはじめていた。

町人の暮らし

水戸の城下町は上町と下町とが併存し、商人も両方に共存していた。ただし下町の造成を機に上町から移転する田町越の商人の増加、他所からの新規移転組、さらに水戸街道、磐城街道の起点になるなど市街地の中心は次第に下町に移り、活気を呈する。

上町は泉町、大工町などの通りと馬口町、上金町、下金町の二筋が本通り。下町は七軒町、本町などが本通りであった。上町の本通りでは毎月十三日、十六日、十八日、二十日の四日間、穀物市が開かれ、米、麦などの売買がおこなわれた。下町では七軒町と紺屋町の境界付近に広小路があり、制札場にもなっていた。そして広小路では毎月三と八の日に古着市が開かれていた。

このほか松物町には桶、樽、指物、籠などの職人が住み、肴町には那珂湊などから魚介類を仕入れる魚問屋が集中し、笠間や下野方面の小売り業者が買い付けにやってきた。白銀町には金細工、彫刻、鍛冶などの職人が軒をならべていた。吉田神社の境内下には藤柄町があり、延宝年間（一六七三～一六八一）頃の神社周辺には茶店がならび、遊女屋が商売をしていたという。

町人の住居を水戸では一戸前、半戸前などと称して区別した。つまり一戸前とは間口六間、奥行き三〇間の住居をいい、半戸前とは間口三間、奥行き二〇間の住居を指した。けれど、古くから開けた上町にしてさえ家屋の入り口はムシロやコモ、あるいはすだれや簀の子を垂らし、畳を敷く者などほとんどなかった。しかも町並みを一歩はずれると途端にキツネ、ムジナ、イノシシなどが跋扈する、うらさびしい原野がひろがっていた。市街地でこうなのだから、まして農村ともなると、土台石に柱を立てる家などない。掘っ立て柱の藁葺き屋根。板敷きの部屋に藁布団をのべて野良着《のらぎ》のままもぐりこんで寝る、という姿もあった。

制札と刑罰

領地領民の治安維持、統制をはかるため藩庁は法令や禁制を布告する制札を立てた。制札を立て札《ふだ》ともいい、神社の境内や人の往来が頻繁な路傍に立てた。

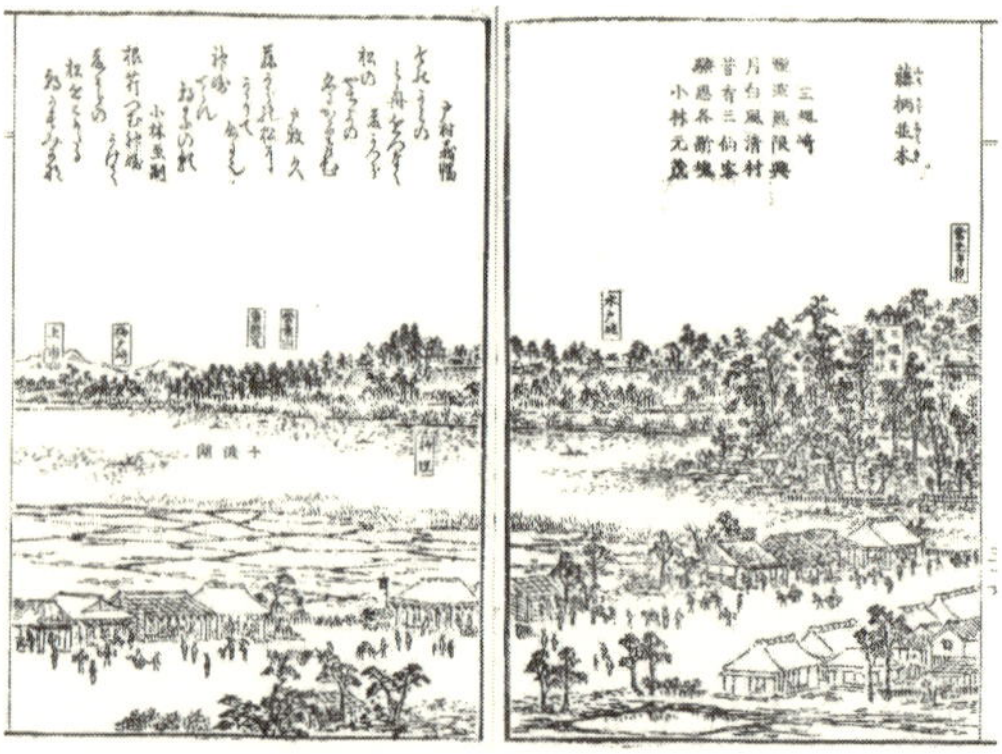

「藤柄並木／松平雪江編『常磐公園攬勝図絵』より」
（水戸市立博物館提供）

水戸領内には城下のほか各地の郷村に制札場があった。おもな制札場をあげると城下では泉町、七軒町、金町などにあった。郷村の場合、南領では長岡、小川、潮来、玉造、牛堀、小幡、鯉淵、鹿島などの各村にあった。北領では山方、大子、下野宮、石神外宿、徳田、太田、磯原、久慈、大津、大宮、天下野などの各村々にあった。

制札には幕府が発令する法度や禁制のほか水戸藩が独自に定めた藩法などが掲示された。例をあげればこのようなものだ。キリシタンに関するもの、忠義や孝行に関するもの、毒薬の禁止、伝馬往還、徒党、回船の布告、人身売買・銃器類の取り締まりなどに関するものだ。これらにそむけば当然罰を受ける。量刑を定めるのは評定所だ。

町方における犯罪の取り締まりは町奉行が担当する。郷村の取り締まりは郡奉行が扱った。奉行の下に与力、同心がおり犯人逮捕の警察権をもっている。さらに与力の配下に目明かしがいた。目明かしは民間人のなかから選び、一定の司法権を与え、窃盗、傷害などの取り締まりにあたらせた。水戸領内には、水戸城下の下町に住む治介をはじめ太田村の一十郎、大洗祝町の由兵衛、奥谷村の半三郎、湊村の喜兵衛らの目明かしがいたことが知られている。もちろん目明かしにも制約があった。一人三十日交替で江戸詰めの義務と、水戸城下および郷村の市の日ではその場に立ち会うことを禁じたことだ。

判決は評定所で決められる。評定所はいわば裁判所だ。ただし江戸時代にはまだ成文化された明確な司法はなかった。だから過去の判例を参考に量刑を判断した。

また、武家、僧侶、農民、町民など身分によって量刑に違いがあった。たとえば武家なら、取り調べ中は「揚げ屋」ないし親類宅に「お預け」となる。ただし一般庶民にはない切腹、改易、賜暇《しか》などの刑罰があった。一般庶民には鋸挽き、火炙《あぶ》り、獄門、斬首、磔など重刑のほか追放、閉門、手鎖、縄下などの刑罰があった。

水戸領内の獄門、磔、火炙りなどの刑場は田彦原、長岡原、台渡走付、後台入合野の四カ所にあった。牢獄は水戸城下の赤沼のほか下手綱、太田、小川、馬頭、潮来、助川などの郷村にあった。ついでに記しておけば、正保三年（一六四六）から寛文六年（一六六六）のおよそ二十年間に、水戸領内の刑場で処刑された者は斬首六四人、磔三五人、火炙り五人となっている。

庶民の娯楽と風俗

農民、町民など一般庶民の娯楽には寄席、浄瑠璃、歌舞伎などの芝居見物を筆頭に遊郭、かけ的《まと》、賭博、江戸仕掛などがあり、どれもが評判を呼んだ。

元和、寛永のころには関西で人気を博した薩摩浄雲らの浄瑠璃が江戸でも評判となり、庶民の喝采を浴びていた。水戸にも浄瑠璃の人気は伝わり、大薩摩の縫殿左衛門が元和二年(一六一六)正月、水戸城下で興行を打ったともいわれている。

薩摩小甚太の浄瑠璃も熱狂的な人気にささえられていた。小甚太は下町に常設小屋を構えていた。享保十五年(一七三〇)に演じた八百屋お七五十回忌法要興行が爆発的に当たり、見物客によってお七の供養塔が寺院に建立され、お七が恋した吉三郎は水戸領茂宮村の生まれであるなど、まことしやかな噂まで広まるありさまだった。このような人気を背景に、大薩摩座は水戸領内の興行権を独占するまでになった。

浄瑠璃の常設小屋では歌舞伎も演じられた。水戸領内にもたびたび来演し、歌舞伎人気は江戸とほとんど変わらなかった。寛政十二年(一八〇〇)三月には大洗祝町で岩井半四郎、高麗蔵ら一行が公演し、文政十年(一八二七)には坂田半五郎らが来演している。

歌舞伎や浄瑠璃は敷居が高いという庶民にとって寄席は気軽に楽しめる娯楽だった。実際、寄席の木戸銭は高額でも二八文程度。これに対して歌舞伎の木戸銭は三二文。これが二階桟敷の上席となると五〇〇文、一階の上席でも四〇〇文と跳ね上がる。

寄席の客層は百姓、町民、武家、隠居に後家、妾、手代――とさまざま。座布

水戸市民のいこいの場、千波湖(水戸市)

団や煙草盆などを借りて煙草をふかしながらのんびりと寄席芸を楽しんだ。水戸領内では常打ちの寄席小屋はなかったらしく、もっぱら商家が芸人を招き、落語のほか物まね、手品、俗曲、軍記読み、講談などが演じられ、江戸情緒を味わったものだ。

　とりわけ水戸の寄席で人気が高かったのは都々一坊扇歌であった。扇歌は水戸領久慈郡磯部村（現・常陸太田市磯部）生まれの寄席芸人。村医者の岡玄作の二男として文化元年（一八〇四）に生まれた扇歌は幼名を子之松といった。六歳の時の天然痘が原因で失明。十三歳で助川村の酒造業者に養子に入り、福次郎と名付けられたものの養家との折り合いが悪く出奔。元来芸事を好む性格から門付けなどをしながら奥州地方で歌の修行をする。

　元来師匠をもたない旅芸人。そのため二十七歳の時江戸に入り、当時音曲ばなしで評判をとっていた船遊亭扇橋に入門。本格的な寄席芸人として再出発。口八丁手八丁の芸達者。師匠の扇橋に見込まれめきめき芸は上達。やがて師匠から「扇」の一文字が許され、「扇歌」と名乗った。天保九年（一八三八）八月には扇橋から一枚看板が許され、「都々一坊扇歌」と改名。そしてこの芸名で牛込の高座に上がり、得意の都々一節あるいは謎かけを演じるのだった。

　謎かけとは、「なになにとかけてなにと解く」というもの。観客に謎かけを振った扇歌は機知と風刺をきかしてたちまち解いてみせた。たとえば、「都々一坊の大馬鹿野郎」とかけた観客に、「唐の火事と解くわいな／そのこころは／駆け（掛け）たほうがよっぽど大馬鹿じゃないかいな」、と解くのだった。三味線をぺこしゃこぺこしゃこと弾きながらの当意即妙な謎解きはたちまち江戸っ子の心をつかみ、扇歌の人気はうなぎのぼり。

「たんと売れても売れない日でも／同じ気兼ねの風車」「白鷺が小首かしょげて二の足踏んで／やつれ姿の水鏡」

大名家などからも声がかかり、得意の都々一を披露した。ところが都々一の節にのせて、「上は金／下は杭なし吾妻橋」などと幕府批判をやってのけるから大名らの譴責を買い、ついに嘉永三年（一八五〇）秋、扇歌は江戸払いとなる。人気絶頂にあった扇歌もこれで一気に凋落。よくも悪くも一本気なところが水戸っぽ気質。それが災いした好例だ。

嘉永五年十月、扇歌は常陸府中に嫁いでいた姉の家で七十八歳の生涯を閉じる。

長門裕之、津川雅彦兄弟の祖父である加藤伝太郎の母親「とし」は、水戸藩北領の鷲子の生まれだった。生家の薄井家は鷲子和紙や金山開発で財をなし、藩に献金して郷士に取り立てられた。そのような家柄の娘であるとしは、息子の伝太郎に「役者になりたい」「役者になれないぐらいなら死んでやる」と泣きつかれ、ほとほと困惑。そのためとしは、役者ではなく戯作者になることを条件に伝太郎の望みを許す。

伝太郎は晴れて河竹黙阿弥の門弟となり、竹柴伝蔵という筆名で芝居の台本作家になった。けれど落語ネタの「王子の狐」が目を引くぐらいで、たいした作品は残さなかったようだ。そのかわり子どもたちである、沢村国太郎、沢村貞子、加東大介を演劇、映画界に送り出し、国太郎の長男が前出の長門裕之、二男が津川雅彦であり、華麗な芸能一家を築き上げている。

このほか水戸藩には公営の娯楽施設まであった。偕楽園だ。偕楽園は岡山市の後楽園、金沢市の兼六園とともに日本三大庭園といわれている。けれど無料で開放しているのは偕楽園だけだ。偕楽園は九代藩主斉昭によって築かれ、天保十四年に開園した。後楽園や兼六園は城内に築かれ、楽しめるのはひとにぎりの上流階級にかぎられた。けれど偕楽園は違った。そもそも偕楽園という名称には、「ともに楽しむ」という意味がある。そのため毎月三と八のつく日は庶民にも開放し、庭園はにぎわった。庶民を気遣う斉昭の精神は現在も引き継がれ、偕楽園は入園料を受け取らない。

水戸藩の献金郷士

さきにも触れたが、藩に献金して郷士に取り立てられるいわゆる献金郷士も水戸藩の一つの特徴だった。献金郷士は頼房以後綱條《つなえだ》の時代までに二〇名ほどが取

金沢兼六園

岡山後楽園
（写真提供：岡山後楽園事務所）

水戸偕楽園
（写真提供：水戸市観光協会）

り立てられたが中断した。だがその後治保《はるもり》の時代に復活し、加倉井久泰、長久保赤水が郷士に迎えられた。

郷士が正式に制度化されたのは寛政七年（一七九五）、水戸北領の豪農森田・小宅両家が五〇〇両を献金し、二十五石の俸禄取りになったのが始まりという。郷士の制度化は士分という特権を与える見返りとして取り立てた相手に多額の上納金を献金させ、逼迫する藩財政に具することを目的としたいわば苦肉の策だった。

制度化にともない、献金高による給与額も五〇〇両に対して二十五石、七〇〇両は五十石、一五〇〇両は七十石と規定された。郷士に遇された人物として天狗党騒乱に参加した飯田軍蔵、竹内百太郎、大久保七郎左衛門、あるいは軍資金調達で桜田門外の変に関係した桜岡源次衛門などがよく知られている。

郷士に取り立てられると藩の出先機関となり、田畑の収穫査定、新田開発、治安、布達など地域行政に関与し、郡奉行を補佐した。けれど藤田幽谷などのように、勧農面から郷士の弊害を指摘する声もあり、天保改革を契機に郷士制度は廃止された。

藤田幽谷

立原翠軒と藤田幽谷の学派対立

水戸藩の文教政策は『大日本史』編纂を発案した義公、それを継承した粛公★ら

▼粛公
綱條（つなえだ）の諡号。

の没後、長らく停滞していた。藩の財政再建や騒擾事件などに藩政は振り向けられたからだ。けれど治保《はるもり》はこれを改め、文教政策を奨励した。

文公という諡号がしめすように、治保は、一度かぎりの就藩、しかもわずか半年あまりの水戸滞在にすぎなかったが、就藩と同時に家中の者を前にして寛政三年（一七九一）五月、「文学は人倫の大本なり」と説き、教育向上の必要性を強調している。これに貢献したのが立原翠軒だった。そのため立原は水戸藩文運興隆の中興の祖ともいわれる。

立原は延享元年（一七四四）水戸城下の武隈町で生まれた。父の蘭渓は彰考館の書庫役を務めていた。立原は父のほか田中江南などから徂徠《そらい》学を学んでいた。けれど当時水戸藩では、徂徠学は風雅を好み、徳目を軽視するとして異端視する風潮が強かった。そのため立原は二十歳で彰考館の書写雇いから編纂員に任用されるが、徂徠学者とみなされ、出世の道が阻まれていた。

これについて立原は、徂徠学者でも朱子学者でもない、広く学説をもとめ、博学を探究する者であり、特定の学派に執着する者ではないと弁明している。実際、立原の思考は柔軟であった。朱子学者とも儒学者ともひろく交流し、理解を深めている。

立原のこの姿勢が治保に認められ、天明六年（一七八六）六月彰考館総裁に就任した。総裁就任と同時に立原は、長いあいだほとんど放置状態であった『大日本史』の編纂事業を十年以内に完成させるとの熱意をしめすとともに小宮山楓軒、藤田幽谷、川口緑野、桜井龍淵らの門弟を館員に推挙し、編纂事業を加速させるのだった。

『大日本史』の、歴代天皇の治績をまとめた紀伝は粛公の時代にすでに脱稿している。そこで立原は紀伝に続く志と表の編纂に取り組む。志★・表★は、歴代天皇を取り巻くその時代の政治制度、社会状況、あるいは風俗習慣などを網羅するもので、課題がひろかった。そのためなかなかの難事業であることに立原は気づき、志・表の編纂を中断し、紀伝の刊行に方針転換するのだった。けれどこの変更は藤田幽谷との対立、立原の総裁失脚を招く要因になった。

立原が紀伝刊行に方向を変えたのは、いまだ刊行を見ず、原稿は館内書庫に秘蔵されたまま。義公の初志にむくいるにはただちに刊行すべし。紀伝こそ義公がもっとも意をそそいだものであり、それを刊行しないのは意図にそむくに等しい。紀伝に比較して志表は瑣末であり、余事ごときものである、との考えからだった。

立原の主張にあやまりはない。義公の眼目は紀伝にこそあったからだ。とはいえ、志・表を余事として軽んじ、ついには廃止というのは独断がすぎ、小宮山や藤田の反対は当然といえた。

ともあれ立原は紀伝刊行を決断する。複数の学者に校閲を依頼し、精度の高い修史を目指した。藩主治保も一日も早い上梓を鶴首の思いで期待した。寛政十一

▼志
紀伝体の歴史書で、本紀・列伝とは別に、天文・地理・礼楽（れいがく）などを記述した部分。

▼表
臣下から天子に奉る文書。

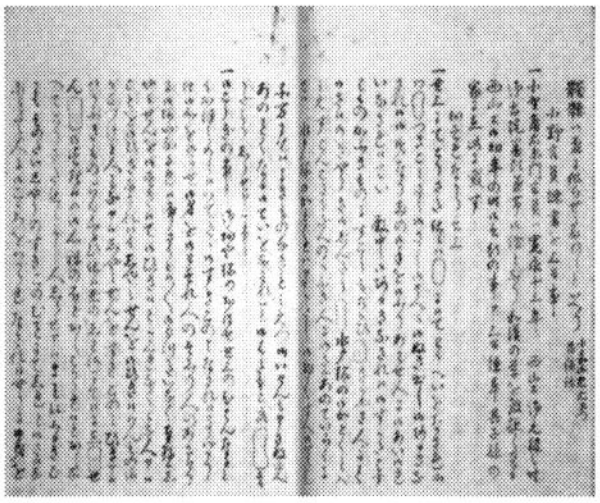

『西山遺聞』
立原翠軒が採録した、光圀の言行録。
（茨城県立歴史館蔵）

年（一七九九）十二月は義公没後百年忌にあたり、それは間近に迫っている。

治保の期待は遠忌《おんき》に際し、完成した紀伝が義公の霊廟《びょう》に献呈されたことで実現した。ただしこの場に総裁の立原と藤田の姿はなかった。立原は、親類筋の訴訟問題にからみ閉門謹慎中だった。藤田は、立原に破門を命じられ、彰考館を去っていたからだ。藤田にとって立原は師匠であり、三十歳も年長の大先輩でもある。けれど藤田はこのような立場を顧みず、学問的・思想的立ち位置の違いから立原の学説を批判することに躊躇しなかった。

藤田は、水戸城下で古着商をいとなむ与右衛門の二男だった。幼少の頃から才気煥発、神童ともいわれた。立原の門下に入るといっそう才能を発揮し、立原の引きもあり、十五歳で早くも彰考館の一員に加わる。

恩師と門弟の関係に亀裂が生じた要因は主として二つあった。藤田の学問的立ち位置を端的にいえば、天皇の優位性およびこれにもとづく日本国の優越性というものだ。義公以来の水戸の伝統的尊王思想を積極的に主張し、それに関する著述もしている。これに対して立原は、尊王思想は共有するものの藤田ほどには認識を深くせず、積極的に説くこともなかった。これが亀裂のひとつ。

二つめは、『大日本史』という書名をめぐる解釈の相違だった。藤田は、修史編纂は水戸家の発意にもとづき、いわば私家本に等しい。私家本に、朝廷の許可も得ず、「日本」という国号を冠するのは義公の尊王精神にも反し、好ましくないとして改題をもとめるのだった。これに対して立原は、『大日本史』という書名は粛公の時に正式に採用され、すでにこの書名で広く流布しているとして藤田の説をしりぞけている。このようなさまざまな違いから二人の関係は次第に険悪なものとなり、やがて寛政九年十一月、藤田は彰考館編纂職を罷免され、水戸に帰される。

けれど紀伝上呈の直後、藤田は罷免を解かれ、彰考館に復職する。これに続くように立原も二年間の閉門を解かれ、もとの総裁に就いた。これで両者は和解かと思われたが、そうはならなかった。立原は総裁再任を契機に、かねて明らかにしていた紀伝刊行をもって修史編纂事業の終了、彰考館の閉鎖を改めて表明した。志・表編纂を目指す藤田がこれに反発したのはいうまでもない。しかも治保も、志・表編纂継続で義公の意志を実現せよ、と藤田に下命している。ここにおいて立原の、総裁としての地位はゆらぎはじめた。

もっとも、立原は閉門中も総裁であったが、彰考館に出所せず、実務から遠ざかっていたから藤田が総裁代行を務めていた。そのため彰考館の運営は立原から藤田へと流れがかわっていた。そのうえ江戸の藤田に対して立原は水戸。このちがいも立原の存在を弱いものにした。

かくして治保の助言のもと、藤田は志・表の編纂に着手した。この時には愛弟子の会沢正志斎や飛田逸民、あるいは息子の藤田東湖ら新鋭の学者がぞくぞくと

藤田東湖

彰考館員に取り立てられていた。立原はもはや自分の時代が終わったことを知る。志・表継続は総裁の自分を通さず、治保が直接藤田に伝えたこと、しかもそのうえ、その藤田に協力せよと治保に申し渡されたからだ。立原にとってこれほど耐え難い屈辱はない。享和三年（一八〇三）二月、総裁職辞任。立原、六十歳であった。

　立原と藤田のこじれた関係はついに解けないまま、息子らの立原杏所、藤田東湖に代替わりしてようやく和解する。

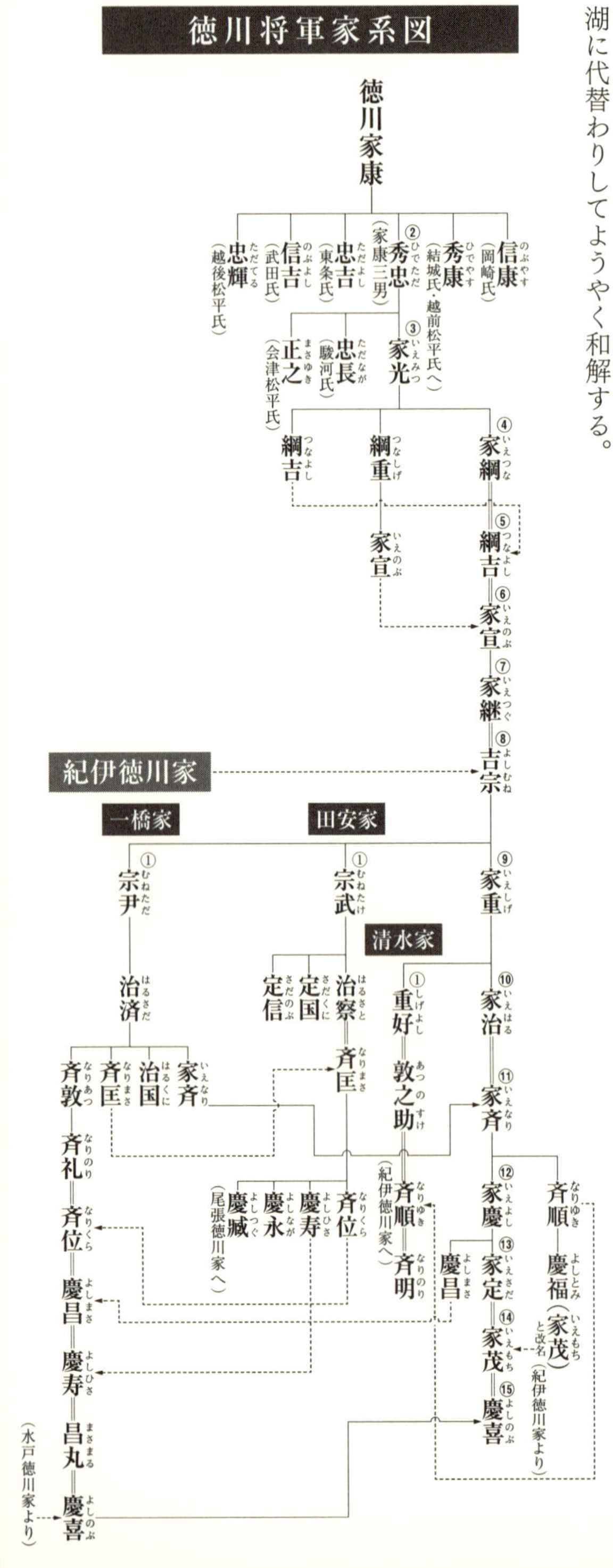

これも水戸

加倉井砂山の日新塾

（妙法寺蔵）

水戸藩は子弟教育に熱心だった。とくに安政四年（一八五七）五月、弘道館が本格的に開館するといっそう盛んになった。ただし弘道館は藩校であり、いわば公立の学校。したがって士分にある者を主体に教育した。ついでに記すと、弘道館は昭和二十年（一九四五）八月一日の水戸空襲に遭遇するものの焼失をまぬがれた。水戸城の物見櫓や東照宮など水戸藩にゆかりのある建造物はことごとく灰燼に帰すなかで弘道館は、職員や市民の懸命な消火活動で類焼を防いだため、私たちは現在も開館当時のすがたを見ることができる。

士分ではない農民や町人の子弟はどうしたかといえば郷校や私塾などで教育を受けるのだった。郷校については本文で述べているので、ここでは私塾の日新塾に触れたい。

正確にいうと、日新塾は存在しない。詳しくは後に述べるので、ここでは通称であった、とだけにしておく。

日新塾は加倉井《かくらい》砂山《さざん》によって隆盛を誇った。総勢で三〇〇〇人もの子弟を育成、輩出したといわれているからだ。砂山は号であり、名は久雍《ひさやす》といい、文化二年（一八〇五）十一月、現在の水戸市成沢町で生まれた。父の加倉井久泰はいわゆる献金郷士であり、砂山も父の後を継いだことで郷士に取り立てられる。砂山は縁筋にあたる加倉井珍忠について文章学などの教えを受けた。十一歳の時であったという。けれどすでに八歳の頃には論語をそらんじるなど神童ぶりを発揮していた。砂山はさらに学問の向上を目指して江戸に出奔。ところが途中、塾生の大津友五郎に引き戻されて江戸行きを断念し、父の久泰が主宰する私塾の後を継ぐことになるのだった。

文政八年（一八二五）、二十歳に達した砂山は久泰から正式に私塾を継ぐことを言い渡され、応諾した。以後、安政二年七月、五十歳で死没するまでの三十年間、幾多の人材を世に送り出す。

塾を受け継いだ翌年には早くも三楽楼と名付けた寄宿舎を新築する。これを契機に行伍塾、万甫楼、日新舎、不知老斎、有隣館などの塾舎が増築される。

午前八時、塾生たちがやってくる。その時まず目に入るのが日新舎だった。砂山が日新と名付けたのは、塾生に、勉学の要諦を次のように説いたのにちなむ。

太陽も月も大河も、一日たりともとどまることなく、日々新しい気持ちで活動している。人々の進むべき道も同じであり、それが天意だ――。

砂山の、この教えから塾生たちはいつとはなく日新塾と呼ぶようになった。

塾舎の増築は塾生の増加にともなうものだ。常に一〇〇名からの塾生がいた。ではなぜ塾生に人気があったのか。それは、私塾としてほとんど例のない多彩な科目、そして自学自習といった塾生の自主性を尊重した、個の教育を重視した点などにあったろう。さらに付け加えるならば、女子教育にも取り組んだ点もある。

日新塾には大日本史、儒学、天文学、地理学、数学、物理学などの科目があった。武芸には、神道無念流の稽古をつけていた。このほか馬三頭を飼育し、塾生が交替で世話をするとともに馬術に励んだ。さらに荻野流と称する銃砲術も採用した。日新塾の一角に射撃場を設け実射訓練を行ったほか団体訓練と称して毎月七のつく日、塾生たちは隊列を組みながら行進し、野外で剣術の訓練を始める、いわば軍事教練も実施した。ここまで徹底する私塾、はたしてほかに例があったろうか。

自学自習とは、塾内に設置された書庫に行き、目当ての書物を読む。あるいはやりかけの科目を自習するなどで、おもに午前中はこれについやす。寄宿舎の三楽楼では炊事のおばさんが食事のまかないをし、寄宿生が食事をとった。

午後は講義だ。砂山にかわって塾頭の興野道甫《きゅうのどうほ》がおこなう場合もある。講義は、例えば論語のある部分を塾生に読ませて後、砂山が解説を加える。このうえさらに砂山解説を参考に学習し、意見を述べあう、輪読をおこなうのだった。このようなところにも日新塾の特色があった。

身分社会のなかで農民や町民出身の女子が教育を機会は多くなかった。そのため日新塾では女子の受け入れも検討した。けれど男女共学には抵抗もあり、実現しなかった。これに代わって砂山は、女子が集まる三夜講、庚申講などに出向き、時局講演など啓蒙に努めるのだった。

加倉井砂山墓所（水戸市成沢町）
（写真提供：水戸商工会議所）

このように私塾でありながら斬新な教育方針をとっていた日新塾には多くの人材が机を並べていた。なかでも砂山は、「文章学は興野道甫、儀烈は斎藤監物、貨殖は川崎守安」と評し、それぞれの個性に即した指導をおこなった。

興野は十二歳で日新塾に入門し、文章学を学び、詩文をよくした。天狗騒乱では徳川頼徳軍に加わったことで四十八歳で斬首刑に処せられた。

斎藤監物は桜田門外の変に加わった。川崎守安は砂山が見込んだ通り、明治七年（一八七四）には川崎組を設立し、川崎財閥を形成する。川崎は砂山の四女世舞子《せんこ》を娶っている。

このほか藤田小四郎、飯田軍蔵、香川敬三などがおり、天狗騒乱のなかで討ち死にしたもの、明治を迎え、地方政治に貢献する、あるいは教職につくものなど、それぞれの道に進むのだった。けれど、砂山没後の日新塾を伝える資料はとぼしく、塾舎など、往時の隆盛をしのばせる建物もないのが惜しい。

第三章 水戸藩歴代藩主の治績

『大日本史』の編纂を続け、尊王攘夷思想が根付く。

1 藩主と藩政

英邁、愚昧、多彩な歴代水戸藩主。
就藩は藩政改革のバロメーター。熱心な藩主は、さて誰か。
女たちの暗闘が藩の存亡をゆるがすこと、江戸時代はしばしば。

将軍継嗣問題に見せた三代藩主綱條の面目

ここでは、水戸徳川三代藩主綱條《つなえだ》から八代藩主斉脩《なりのぶ》までのあらまし百四十年におよぶ歴代藩主の治績に触れることとしたい。

水戸徳川家は初代頼房《よりふさ》から始まり、十一代藩主昭武《あきたけ》が廃藩置県で事実上藩主の座を失う明治四年（一八七一）までの約二百六十年続いた。それにもかかわらず八代藩主で区切ったのは二つの理由からだ。

三代藩主以降八代藩主までを水戸藩中期時代といい、藩を取り巻く内外情勢の変化はもちろん少なくはないが、それでもおおむね大過なく運営されていたというのがまずひとつだ。ふたつめは、九代藩主斉昭は、それまでの藩主をはるかにしのぐかずかずの治績を残していること、そのため毀誉褒貶も少なくないこと、また、水戸学を確立した水戸藩の影響力は尊王攘夷の行動原理として幕末動乱の原動力となった――というものだ。したがって九代藩主斉昭以降の治績は章を改めて触れることにしたい。

三代藩主綱條は養子であった。二代藩主の光圀が元禄三年（一六九〇）十月致仕したのを受けて綱條は三代藩主を襲封した。三十四歳であった。以来享保三年（一七一八）九月、六十二歳で江戸の水戸藩上屋敷で病没するまでの二十九年間、水戸藩政を取り仕切った。

綱條の治績には功罪両面あった。負の部分でいえば、松波勘十郎らを重用し、運河建設を推進するものの過度の財政負担を藩にもたらしたことに加えて重い夫役から領民の憤激を買って頓挫したというものがある。このほか元禄九、十年の、二度にわたる水戸大火、さらに元禄十六年十一月の大地震による江戸小石川藩邸の焼失、水戸城の大破、あるいは那珂川、久慈川などの河川氾濫があった。

評価すべき点でいえば、光圀時代から始まった紀伝を正徳五年（一七一五）十二月、着手からほぼ六十年をついやしてようやく脱稿し、書名も正式に『大日本史』と命名して光圀の霊前に献納したこと、さらに引き続いて志・表の編纂に取り掛かるなど文教政策をさかんにし、文運をさかんにさせたこと、元禄十四年、幕府に対して水戸藩の表高を二十七万石から三十五万石に認めさせたこと、将軍継嗣問題で、御三家としての存在感を発揮し、面目躍如たるものをしめしたこと

――がある。

綱條は紀州藩主徳川吉宗の八代将軍継嗣に尽力した。わずか四歳で七代将軍になった家継《いえつぐ》は風邪がもとで急性肺炎をおこし、正徳六年四月、八歳で死去した。まだ幼少であった家継にはむろん子がいなかった。そのため次期将軍の座をめぐって家継の母親の月光院と天映院の暗闘が激化した。

天映院は六代将軍家宣《いえのぶ》の正室であった。彼女は尾張六代藩主継友《つぐとも》を推挙した。これに対して家宣の側室であった月光院は紀州藩主吉宗を擁立した。かくして将軍継嗣の座をめぐって正室対側室の激しい争奪戦が一気に表面化した。

初代将軍家康からみて吉宗や綱條はひ孫にあたる。けれど継友はやしゃごだった。年齢も継友は二十四歳とまだまだ若い。しかもそのうえ家光以来、尾張徳川家から将軍継嗣を迎えないという慣習がある。そこで綱條は、吉宗の将軍就任は家宣の遺命であるとの理由から吉宗をバックアップする。このようなことから継友を推す天映院は将軍継嗣レースに敗れた。

四代藩主宗堯《むねたか》は朱子学者の室鳩巣に、「当代珍しき御秀発にて、江戸一統ほめ申事に候」と称賛され、英邁な主君といわれる光圀の再来とまでいわれた。けれど取り組んだ士風刷新、文武奨励、藩の財政再建など一連の改革は志し半ばでことごとく挫折した。

宗堯の「宗」は将軍吉宗から与えられたものだ。宗堯は四国高松藩主松平頼豊の子として宝永二年（一七〇五）七月に生まれ、六歳で綱條の養子になる。綱條には吉孚《よしざね》という男児がいたが、二十五歳で死去したため甥にあたる頼豊の子を世継ぎとしたのだ。享保元年（一七一六）鶴千代から宗堯に改名する。同三年十月、綱條病没後十四歳で藩主を襲封する。綱條の諡《おくりな》は粛公《しゅくこう》と付けられた。

幼君とはいえ諸大名のなかにさっそうと登場した宗堯は改革断行の手始めとして就任直後の享保四年一月、節約令を発する。これは文字どおり贅沢をいましめ、倹約をすすめるものだ。それまでは二汁七菜と豪華であった藩主の食膳を一汁三菜に改めるなど倹約の必要性を宗堯自らがしめしてみせるのだった。節約令は吉宗が発した、いわゆる享保の改革にならうものだった。吉宗は側用人政治を排して将軍自身が政権を運営するとともに幕府の財政再建に取り組み、上げ米制度や足高制度などを実施した。これらの制度が効果を発揮し、みるまのうちに幕府財政は持ち直し、享保の半ばごろには一〇〇万両の現金が幕府の御金蔵に蓄えられたという。

宗堯も吉宗の享保の改革を手本にした。二十一歳になった青年藩主宗堯は享保十年八月、襲封以来初めて就藩した。翌年三月に帰府するまでのほぼ七カ月間、水戸領内の実情をつぶさに検分した。そこで宗堯が痛感したのは領民の窮乏、藩士の無能、財政の沈滞、これであった。

領国の実情に落胆した宗堯は、「先代以来の財政難に窮乏しているが、こころを尽くして工夫すれば打開することはけっして不可能ではない。このまま手をこまぬいていては武備はととのわず、人心も帰服せず、風俗はいよいよ悪化するばかりだ」「役人どもは威光をもって下の者を支配することと考え違いをしている。たとえそれが先例だとしても、今後は道理に合わないものとして改めることだ」「役人どもに対して政務の非は禁句となっているが、道理にかなったものなら取り上げるべきである。批判はむしろ政務の激励であり、よく聞き届けることだ」――などといった九カ条の直言をしたため、惰性と無気力に陥った藩士たちに対して士風改革を強く促すのだった。

藩政改革、士風刷新、綱紀引き締めなど斬新な政策をつぎつぎと打ち出し、意気さかんなところを見せて臨んだ青年藩主宗堯であった。ところが旧弊を打破し、既成の壁を乗り越えるのはやはり容易ではなかったようだ。

志半ばにして享保十五年四月、痰喘《たんぜん》★がもとで病死する。宗堯二十六歳であった。義公の再来とまでいわれながらついに期待に応えられないまま退場した。死去後宗堯は成公《せいこう》と諡された。

▼痰喘　喘息。

多事多難に良策なし

五代藩主宗翰《むねもと》は明和三年（一七六六）二月、三十九歳で死去。諡は「良公《りょうこう》」とつけられた。だが衰退する藩政に歯止めをかけられず、諡ほどには良策なき藩主といってよい。

宗翰は享保十三年（一七二八）八月江戸小石川藩邸で生まれた。藩主に就いた時はわずか三歳だった。そのため祖母の綱條夫人である本清院と実母の長松院は家臣に対し、幼君を補佐し、上下和親して仁政をおこない、士民の生活安定に努めてこそ先君への忠義と訓示した。元文元年（一七三六）四月、九歳に達した幼君は元服して鶴千代から宗翰に改名した。

延享二年（一七四五）六月、十八歳に成長した宗翰は役人の人員整理、経費削減、緊縮財政、公務奨励などを推し進める直書をしめし、従わない者は減給、解職に処すとして藩政改革に取り組む決意を明らかにした。ところが惰眠をむさぼり、弛緩しきった藩士らにこの訓示は響かず、宗翰の意気込みとは裏腹に財政はますます悪化するありさまだった。

もっとも宗翰にしても小石川の藩邸で掛け声をかけるだけだった。しかも今日は誰それのパーティー、明日はどこそこでセレモニーなどといっては諸侯との社交に余念がなく、どこまで本気か疑問だった。そのため将軍吉宗の意を受けた老中堀田正亮は水戸の分家である府中藩主松平頼斉と守山藩主松平頼寛に対し、水戸藩は幕府に借金を求めているが前例がない、借金を求める以前に藩士一体となって財政再建に取り組め、との訓令を下すのだった。

その反省に立った宗翰は改革の本気度をしめすため水戸城と小石川の藩邸に目安箱を設置した。藩政、役人の執務態度、制度・政令などに関する住民の声を吸い上げ、執政に反映させるためだ。地場産業にも力を入れた。会津地方から漆塗り職人を招いて漆器生産を始める。さらに金銀鉱脈の採掘にも乗り出し船運も奨励した。

つぎつぎと打ち出す新事業。軌道に乗れば財政再建は不可能ではない。けれど所詮は場当たり商法にすぎなかった。漆器は品質が悪くとても商品にならず、金銀も、試掘したものの有力な鉱脈が発見されず閉鎖に追い込まれるしまつ。いずれも出費だけが重なり財政難に拍車をかけた。

事業の撤退に加えて疾病が追い打ちをかけ、宗翰は寛延二年（一七四九）から宝暦六年（一七五六）まで七年間にわたる長わずらいに陥り、登城もできなくなった。病名は腹部が張り、食欲減退をもたらす痞《つかえ》というものだ。宝暦六年ようやく回復した。宝暦八年十二月には初の就藩にも臨み、翌年九月まで長期滞在する。

とはいえ藩主が帰国したところで傾く一方の財政難に歯止めがかからなかった。そのためか、改革の意欲も次第に衰え、宗翰は酒色におぼれ、寵愛する二人の側室を引き連れては遊興にふける日が多くなる。そこにはもはや若き藩主の意気込みなどすっかり失い、怠惰な姿があるのみ。そうして失意のうちに三十九歳で没する。

明和三年（一七六六）三月、六代藩主治保《はるもり》は十六歳で着任した。若いうえに藩主就任の直前、水戸城下の紺屋町から出火し、たちまち城下町一帯が焼失するという大火に見舞われた。本来なら新しい藩主誕生でことほぐべきものが、大火でむしろこの藩主の多事多難を暗示させた。

じっさい被災者救済に藩庫を開くものの肝心の金蔵はまるでからっぽ。やむなく豪農、豪商から御用金名目で借金し、幕府からも拝借して藩士たちに支給するありさまだった。そのため二十二歳に達した治保がまず着手した藩政は勧農勧商、質素倹約の奨励だった。

農業の衰退もいちじるしかった。家族離散、在所逃亡などの「つぶれ百姓」が続出した。治保は郡方役人を対策にあたらせ、農村復興をはかる。製紙、製綿、こんにゃく、煙草は藩庫をささえる有力な生産物だ。だから水戸藩は専売権を独占し、自国のみならず江戸、大坂などの問屋にも門戸を開き、口銭を徴収することで藩庫の蓄えをはかるのだった。

引き締めるだけではなかった。治保は緩和策もとった。江戸から興行師を呼び、水戸城下に芝居を張った。春と秋には馬市を開き、ここに集まった人たちを相手に江戸角力、江戸芝居、さらには千波湖に夜船を浮かべて夜景や夕涼みを楽しむことも勧めた。

ただでさえこうなのに「天明の飢饉」が重なった。飢饉の前触れのように天明二年（一七八二）七月に大地震が江戸を襲い、小石川の藩邸も全滅した。

　農村では間引き・堕胎は日常的だった。それが原因で農村人口は減少し、後継者難に陥った。そこで治保は悪習を禁じるとともに第三子からは「育子稗」と養育費の支給を講じる。

　いわばこれは寛政版子育て支援策だ。けれど育児資金目当ての不心得者がいたり、財源不足から支給が滞りがちになったりで、期待したほどの効果は上がらなかったようだ。はたして治保、それを知っていたかどうか。文化二年（一八〇五）十一月、五十五歳で没す。

　多事多難な治保の生涯であった。死去後、「文公《ぶんこう》」と諡された。

タカ派の七代藩主治紀と穏健派八代藩主斉脩

　安永二年（一七七三）十月生まれの治紀《はるとし》は文化二年（一八〇五）十一月、三十三歳で七代藩主に就任。文化十三年八月に死去しているから在職期間十一年と比較的短かった。ただし死去後におくられた「武公《ぶこう》」という諡がしめすように、在職中の治紀は軍事強化、軍備拡大を推進する、今様にいえばタカ派色を鮮明にした。

　治紀は軍政改革と藩政改革を車の両輪とした。先代たちは財政再建にとらわれるあまり藩政改革にはおろそかな面があった。そのため藩の実権はいわゆる門閥派に牛耳られていた。

　そこで治紀は有能かつ改革に積極的な人材ならたとえ軽輩でも登用し、藩政刷新にあたらせる。藤田幽谷、小宮山楓軒らが登用され藩政に影響を与えたのはこのため。藤田、小宮山らは立原翠軒の門弟だった。

　立原も富裕層出身ではない。父は百石取りの下士だった。その息子だったから熱意と才能がある人材なら学派や門流にこだわらず門戸を開いた。藤田も古着屋の二男だった。けれど神童といわれた藤田は立原の推薦で彰考館の一員に加わったのを契機にめきめき頭角をあらわし、古着屋の小倅が武士に列し、ついには百五十石取り、彰考館総裁にまで昇り詰める。彼の出世はまさに新参者が成り上がる姿を具現するものであった。

　門閥派にとって新参者の台頭は愉快でない。けれど次第にざわめきだした社会情勢のなかで藩政改革は待ったなし。時流は藤田ら新しい発想をもった人材を必要とし、治紀もそれを望んだ。

　蝦夷地周辺に出没するロシア軍艦は常陸沖にまで接近し、漁民から異国船発見の知らせが藩庁に届く頻度も増加した。その都度甲冑姿の藩士らが海岸に張り付き、異国船上陸に備えた。実際には文政七年（一八二四）五月だったから治紀の死後だが、英国の捕鯨船船員が常陸大津浜に上陸し、水戸藩に捕らえられる事件も起こった。

「小宮山楓軒」清通写
（国立国会図書館蔵）

太平の世に惰眠《だみん》をむさぼっていた水戸藩士たちは鋼鉄の船体の出現に仰天する。異国船の出現を外圧とみた藤田は攘夷を唱えるとともにただちに沿岸防備の必要を治紀に具申する。治紀の対応は素早かった。軍制改革に着手したからだ。治紀は文化六年三月に初めて就藩し、翌七年四月に小石川の水戸藩邸に戻るまで一年間国元に滞在し、軍事教練や軍備増強に取り組んだ点でそれまでの藩主とは大いに違った。

　鷹狩りと称して治紀は重臣から下士およびその二男、三男さらに猟師にまで総動員をかけ、自ら陣頭指揮を執って軍事訓練を実施。実戦さながらの訓練は、治紀が帰府するまで二度実施されている。

　太平に慣れ切った水戸士民は頻繁に出没する異国船のゆさぶりを受け、軍備強化の急務を知る。じっさい沿岸の防備上から銃火器の充実がはかられ、水戸藩の即応態勢は着々とすすむ。

　それに引き換え八代藩主斉脩《なりのぶ》は、次第に熾烈化する門閥、改革両派の狭間に立ちながら明確な方針をしめすでもなく指導力に欠けた穏健な藩主で、「よかろう殿様」などとも揶揄された。そのため治紀時代に盛り上がった改革気運は後退し、かわって門閥派の反転攻勢が始まる。

　斉脩は治紀の嫡男として寛政九年（一七九七）三月に生まれ、文化十三年（一八一六）九月、二十歳で八代藩主に着座し、文政十二年（一八二九）十月、三十三歳

「追鳥狩行列図」（部分）
（茨城県立歴史館蔵）

で逝去する。死去後におくられたのは「哀公《あいこう》」だった。いみじくもこの諡がしめすように、十三年の在職中これといった見るべき実績はない。

斉脩は在位時英国捕鯨船の乗組員上陸を許してしまった。文政七年五月のことである。水戸領の大津浜に接岸した英国船の船員一二人が上陸。これに仰天した漁民はただちに役人に知らせるのだが、船員の上陸は沿岸防備の脆弱さ、外敵に対する水戸藩士らの危機意識の欠如をまざまざと見せつけた。

指導力不足は軟弱な斉脩の性格に付け込む門閥派の盛り返しをも許すこととなった。門閥派とは水戸藩譜代の重臣をいう。その重臣は幕府老中水野忠成《ただあきら》と気脈を通じ昵懇の間柄。水野といえば、賄賂政治で幕政を壟断した田沼意次の再来といわれるほど賄賂と献金をもっぱらにし、幕政を腐敗堕落に落とし込めた人物だった。

そのような水野と昵懇の門閥派で水戸藩政は私物化され、金権政治がはびこった。とくに斉脩が将軍家斉の息女峰姫を娶ったのを梃子《てこ》に保守政治のゆり戻しをはかった。峰姫が斉脩の正室になったため新しく別邸が築かれた。しかし峰姫の輿入れは財政難に苦慮する水戸藩にとってまさに干天に慈雨となった。化粧代という名目の持参金がもたらされたうえ幕府からの借金九万二〇〇〇両が帳消しになったからだ。それだけではなかった。その後、毎年一万両の助成金を永続給付されるというおまけまでもらった。

「追鳥狩陣押道具之図」(部分)
(茨城県立歴史館蔵)

よくも悪くも幕府からこれほどの優遇措置を引き出せたのも門閥派の手腕に負った。幕府の援助と庇護を後ろ盾に形勢を立て直した門閥派は、改革派側に傾いていた藩権を奪還するとともに二匹めの泥鰌をも狙った。峰姫と斉脩は子どもに恵まれあず、後継者がいなかった。そこで重臣らは家斉の子であり峰姫の弟である恒之丞を次なる藩主に、と画策する。恒之丞を藩主に迎えれば峰姫以上のカネ、モノ、権威がついてくる。しかも幕府との縁を深めることで改革派一掃も容易になる。

けれど門閥派の恒之丞藩主継嗣に待ったをかけた者がいた。藤田東湖、戸田忠敞らだ。藤田らは斉昭擁立で門閥派に挑んだ。斉昭は治紀の三男。斉脩の弟にあたる。そのため三十歳になってなおまだ部屋住みの身。分家もできずうつうつとした日を送っている。藤田らは次期藩主は水戸家直系にかぎると主張する。さらに、斉昭を次期藩主とする斉脩の遺言状を証拠に門閥派の恒之丞擁立をしりぞけ九代藩主斉昭誕生に導くのだった。

藩主の妻たち

水戸藩の小石川上屋敷奥御殿では多くの女性たちが生活していた。

将軍家斉の息女である峰姫は文化十一年（一八一四）、斉脩《なりのぶ》に嫁いで御守殿★となる

▼御守殿
将軍の娘で、三位以上の大名に嫁いだ者の敬称。

った。輿入れに際して一万両の化粧料を持参してきたが、お付きの家来や奥女中を引き連れ、食事は二の膳三の膳、の他にかげ膳までつけるといった江戸城中の贅沢な生活をそのまま婚家先にまで持ち込んだ。たとえ峰姫の生活費として幕府から多額の下賜《かし》が毎年あったにせよ、年間一万数千両もの経費を要する水戸藩の財政負担は軽くない。そのうえ水戸藩は峰姫のために二万五〇〇〇両もの巨費を投入して小石川邸内に居宅を新築したから大変な散財だった。

贅沢三昧、わがままに振る舞いながら斉脩に嫁いで十年が過ぎた。けれど峰姫は子ができず、重臣からは藩主継嗣問題が持ち上がった。さらに側室の懐妊が追い打ちを加えた。これが峰姫の自尊心をゆさぶり、嫉妬深くさせたようだ。側室が夫の子を宿したことを知った峰姫は側室を自室に呼びつけ、自害を命じたという話も伝わっているほどだ。

斉昭《なりあき》の妻である吉子は有栖川宮織仁《おりひと》親王の息女であった。斉昭には一六人の花嫁候補者がいたという。けれど将軍家や大名家から迎えれば高くつくのをすでに峰姫で懲りているので公卿から迎えた。それが登美宮吉子だった。京都から輿入れした時、吉子は二十七歳だったといわれるが、吉子は慶篤《よしあつ》、慶喜など三男一女をもうけた。斉昭には側室が生んだ子もおり、二二男一五女の子がいたが、吉子は庶子の面倒もよくみ、夫妻仲もよかった。

貞芳院（87歳時の写真）
（茨城県立歴史館蔵）

慶篤《よしあつ》の正室線姫《いとひめ》は、斉昭が幕府により隠居を命じられていたための融和策として慶篤に嫁いだものだ。線姫は有栖川宮幟仁《たかひと》親王の長女として生まれ、将軍家慶《いえよし》の養女となった。嘉永五年（一八五二）十二月慶篤《よしあつ》に嫁いだが、すでにこの時慶篤には侍女に産ませた子があった。その侍女は慶篤が線姫をもとめて奥御殿に入ろうものならたちまち嫉妬し、慶篤を御殿から呼び戻して線姫と接触するのを許さなかったという話も伝わっている。嘉永七年（一八五四）長女随子（徳島藩主蜂須賀茂昭の妻）を生み、安政三年（一八五六）二十二歳で死去している。

尾張徳川家系図

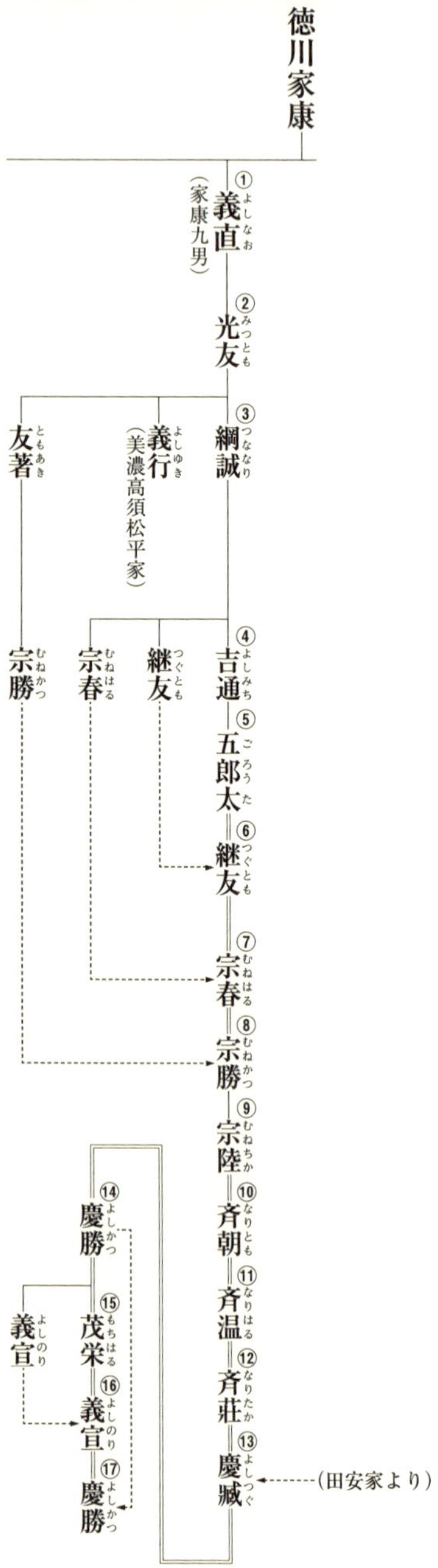

②改革派藩主斉昭の登場

無聊をかこつ部屋住みの身から九代藩主斉昭就任。
改革派人士の積極登用と外国船の脅威で軍備増強に取り組む斉昭。
武芸を奨励し、軍制改革でつぎつぎと新機軸を展開。

藩主継嗣問題で派閥対立

斉脩《なりのぶ》には子がいなかった。そのため初代頼房以来続く正胤継承を唱えて斉昭を擁立する改革派に対して、門閥派は将軍家斉の第二〇子で御三卿の清水家を継ぐ清水恒之丞を斉昭の娘の賢姫の婿として迎えると主張するため、水戸藩では、藩始まって以来のお家騒動にまで発展した。けれど、改革派の藤田東湖や川瀬教徳ら四十数名が水戸から江戸に押しかける、あるいは、重役の中山信守が斉昭《なりあき》を次期藩主とする斉脩の遺言状を公表したことなどが功を奏し、水戸九代藩主は斉昭に決定したことで一件落着した。

斉昭は七代藩主治紀の三男として寛政十二年（一八〇〇）三月、江戸小石川の水戸藩上屋敷で生まれた。斉昭は嫡男でない者の常として長らく部屋住みの身であった。そのため藩政に関与することはもちろん政治的な発言も封じられていた。けれど藩政改革には強い関心をしめし、先代斉脩の弛緩しきった藩政運営には内心批判的であった。したがって文政十二年（一八二九）十月、三十歳で藩主を襲封したのを契機に自らが先頭に立って藩政改革に乗り出した。

その第一弾として斉昭は早くも就任翌日には「愛民の政」および「定府制の廃止」を断行する。改革派はただちにこれに呼応した。とくに藤田は、斉昭の改革に積極的な人材の登用を側面から支援するのだった。改革派が斉昭に求めた最初の改革は人事刷新だった。そのため藤田東湖、川瀬教徳、会沢正志斎などが抜擢された。

ただし彼らはいずれも学者上がりだったから政治的手腕は未知数だった。高度な執政はやはり重役にあたらせるほかなかった。けれどこのことがまたしても対立の火種となるのだった。「門閥派なにするものぞ」と改革派が突き上げれば門閥派も負けじとばかりに「でしゃばるな新参者」と威嚇する。両者の対立はさらに「旧守派」「天狗派」とけなしあう。天狗派は別に「激派」とも呼ばれた。改革派の思想や行動が常軌を逸していたからこのように呼ばれたのだ。のちに触れるが、実際、桜田門外の変、天狗党騒乱など一連の暗殺、クーデターを引き起こしたのは改革派の面々であった。

水戸藩の改革に意欲的な斉昭は、就藩の希望も強く、着任から四年後の天保四

年（一八三三）三月初めてお国入りを果たす。帰国と同時に領内巡視に出掛ける。翌五年四月に江戸に戻る直前まで領内全域を見て回った。まさに斉昭は実践の人だ。大体の藩主は就藩しても、城内から指示を与える、あるいは布達を発するというものであった。それだけに領民は改革に取り組む姿勢に「仁政の人」「徳政の藩主」という印象を深くし、ついには「名君」「英邁な藩主」といわせるまでになる。

天保の大飢饉で藩政改革は出端をくじかれ改革の意欲さえ失われようとしていた。そこで斉昭は天保八年（一八三七）七月、次のような四大改革の目標を掲げ、家中の意欲回復と現状打開をはかるのだった。（一）は「経界之義」、（二）は「土着之義」、（三）は「学校之義」、（四）は「惣《そう》交代之義」という目標だ。

（一）は全領挙げての検地をいった。検地の実施で実際の耕地面積と帳簿上の石高の誤差や離農者と就農者の実態などを調査し、課税の適正化をはかるのが狙いだ。（二）は、沿岸防備の強化策として藩士の定住化および軍備増強をはかるのが狙いだった。（三）は、藩校の弘道館および郷校を設置し、有為な人材の育成をはかるのが狙いだ。（四）は、すなわち定府制の廃止だ。水戸藩は参勤交代が免除されている。そのかわり藩主は江戸詰めの義務があった。そのため藩士たちも江戸定住にしたがっていた。これが次第に固定化するにつれて幕府や商人との癒着、利権を生み、賄賂政治の温床になっていた。

水戸中納言斉昭卿初御入部行列之図（土浦市立博物館蔵）

これら四大目標を掲げた背景には内憂外患に危機感をつのらせる斉昭の、水戸藩独自の〝富国強兵〟を目指す狙いがあった。

三田の重用で水戸学の発展と伝播

最初の就藩から七年後、斉昭は再び就藩した。この就藩は四大目標の進捗度を確認するのが主な目的だった。就藩となれば多大な財政負担になるとの理由から門閥派は難色をしめした。けれど斉昭はこの意見をしりぞけるとともに戸田忠太夫、藤田東湖、武田耕雲斎らを側用人に重用し、就藩に踏み切る。戸田、藤田、武田の三名を重用したことから、それぞれの田の文字をとって「三田」あるいは「三田の重用」などといった。

身辺を三田で固めたことで四大目標に掲げた改革路線は着実に結果を出していった。まず藩校の弘道館の設置がある。斉昭には藩主就任以来「神儒一致・文武合併」を建学の基礎とする藩校の設立の夢があった。そのため天保十二年（一八四一）八月一日、弘道館を開校した。この時斉昭は藤田に「弘道館記」の起草を命じた。

「弘道とは何ぞ。人よく道を弘むるなり。道とは何ぞ。天地の大経にして生民の須臾《しばらく》は何の為に設くるや。恭しく惟《おもん》みるに、上古、神聖、極を立て統を垂れた

藤田東湖

戸田忠太夫（忠敞）

武田耕雲斎

まひ、天地位し万物育す（以下略）」という書き出しで始まる「弘道館記」は、五つの建学精神を掲げている。「神儒一致」「忠孝一致」「文武一致」「学問事業一致」「治教一致」がそうだ。

斉昭は郷校の設立にも熱心だった。弘道館が藩士のための学校なら郷校は地域の農民、神官、商人のための学校だった。南領には稽医館、玉造館。北領には暇修館、時雍館。領内中央には益習館などを建てて庶民教育を奨励した。

藩校・郷校の設置によって水戸藩の文教教育は格段に充実した。そこで若い学徒たちは水戸学をまなび、やがて有為な人材となって歴史の表舞台に登場し、幕末維新をけん引するのであった。

水戸学とは何か。あえてひとことでいえば尊王攘夷、これに尽きようか。藤田東湖は『弘道館記述義』で水戸学の核心を述べている。「弘道館記」の「弘道」とは『論語』の「衛霊公編」から引用したものだ。したがって藤田が説く「弘道館記」の底流には天皇と臣民、幕府と藩、藩主と士民、親と子などの関係とはいかにあるべきかが強調されている。

『弘道館記述義』は家康の登場前と登場後の上下巻で構成されている。上巻では仏教伝来を契機に日本古来の道が破壊されたことを述べ、下巻では家康による江戸幕府および水戸開藩に触れ、ここにおいて天皇を中心とした国家統一が復活し、朝幕協調時代が再現したと述べている。藤田、会沢らの著書はやがて攘夷派

弘道館全景
（水戸市観光課提供）

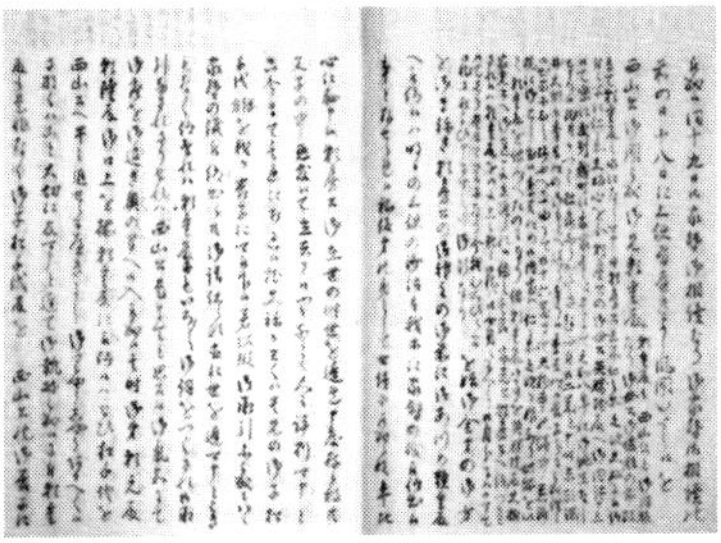

戸田忠大夫（忠敞）筆「御意の覚」（天保５年／1834）
藩主斉昭が自身の肖像画２幅を常福寺に奉納する際に添えたもので、戸田忠敞が筆した。
（常福寺蔵）

の思想と理論をささえるバイブルとなり、さらにはカリスマともなって両者のもとを訪ねる者は少なくなかった。

『大日本史』を源流とする水戸学は水戸という地域を超えて諸藩に次々と伝播し、こぞって『大日本史』あるいは会沢が著した『新論』、藤田の『弘道館記述義』などを藩校の科目に採用し、子弟教育に活用するのだった。けれど幕府は水戸学導入に警戒心を強めていた。それというのは、従来幕府は朱子学を官学としていたからだ。

幕府にとって水戸学は脅威であった。社会と個人を対峙させるからだ。じっさい洋学や進歩的な学説を嫌悪した江戸町奉行の鳥居耀蔵は水戸学のさかんなことを嫌って弾圧を加えるほどだった。斉昭を致仕謹慎処分に追い込んだのがそうだ。鳥居は斉昭の急進的な思想を嫌悪していたからだ。

とはいえ鳥居が好むと好むまいとにかかわらず水戸学を諸藩は競って採用している。尾張藩の明倫館、安中藩の造士館、播磨三日月藩の広業館など六十数藩のほか二十数藩の郷校でも水戸学を取り入れ、青年藩士に多くの影響を与えていた。そのため水戸学発祥の地を訪れる青年学徒たちは絶えず、久留米藩士の村上守太郎、木村三郎、真木和泉も水戸にやってきた。

とりわけ水戸学を積極的に導入した藩といえば長州藩だった。それは徳川斉昭の正室と長州藩主毛利斉房の正室はともに有栖川宮幟仁親王の娘、姉妹であったからだ。吉田松陰は嘉永四年（一八五一）三月、藩主にしたがって江戸に出てきたのを機会に東北遊学を思い立ち、肥後藩士宮部鼎蔵、南部藩士安芸五蔵とともに水戸にやってきた。あらまし一カ月ほど滞在し、この間に会沢正志斎、豊田天功、宮本茶村などの学者と親しく交わるのだった。吉田は後年安政の大獄で処刑されるが、獄中記でも、「余深ク水府ノ学ニ服ス。謂《い》ヘラク神州ノ道斯《それ》ニアリト」として、水戸学に心酔していたことを述べている。

長州藩からはさらに久坂玄瑞、山県半蔵らも訪ね、高杉晋作は笠間藩の加藤桜《おう》老《ろう》を訪ねている。このほか土佐藩の中岡慎太郎、若狭藩の梅田雲浜、頼三樹三郎らもやってきた。江戸在住の藤田東湖のもとには西郷隆盛、橋本左内、佐久間象山、横井小楠らが足繁く通い、水戸学の啓発を受けていた。

常陸沖沿岸防備と軍政改革

水戸学を奨励し、教育改革の実をはかるとともに斉昭は軍制改革にも力を注いだ。白砂青松の長い海岸線をもつ常陸沖は外敵の侵入を受けやすい地であった。そのため斉昭は山野辺義観《やまのべよしみ》を海防総裁に任命し、北領の海岸防衛にあたらせる。山野辺は太平洋を見渡せる高台に広大な城郭を築き、二〇〇人ほどの藩士を警戒にあたらせる。

宮本茶村

斉昭は「鳥追狩り」にも熱心に取り組んだ。鳥追狩りとは山野の鳥獣を人馬をつかって追い立てながら狩猟をするものだが、斉昭が二度目に就藩した時の鳥追狩りは甲冑で武装した騎馬武者三〇〇〇人、雑兵およそ二万人という大規模なものだった。斉昭自ら白馬にまたがって陣頭指揮を執り、最前列に大砲二門と小銃隊を並べる陣形はまさに鳥追狩りの名を借りた軍事訓練だ。鳥追狩りはゆるみきった藩士らの士気を大いに鼓舞した。そのため以後毎年一回実施され、斉昭が謹慎処分を受ける天保十五年（一八四四）五月から安政二年（一八五五）まで約十一年間の空白期間があったものの九回実施された。

鳥追狩りの実施で練度《れんど》も士気も向上した。このうえ強力な武器弾薬がそろえばもはや鬼に金棒だ。斉昭は十貫目大砲の製造を鉄砲掛の田士部六衛門に命じた。水戸城下の神崎寺に四基の鋳造炉を築き、「太極」と斉昭が刻印した口径一尺二寸（約三九センチ）の巨砲一門のほか小口径大砲七五門を鋳造する。ただし大量の大砲製造に領内の寺院の梵鐘や仏具が供出されたことも事実だ。

武器はそろっても弾薬不足では宝の持ち腐れだ。これも斉昭は郡方の役人に領内全域を調査させ、焔硝《えんしょう》の製造に欠かせない古土の掻き集めを命じるのだった。藩士の士気も向上し、軍備増強も可能になった。残された課題は軍事編制だった。水戸藩では「大極陣」と命名された独自の陣形が考案され、天保十四年七月、弘道館の調練場に斉昭がお出ましになってお披露目された。大極陣とは、弓矢隊を

大砲「太極」（写真提供：常磐神社）

廃止して大砲と小銃を主体とした火砲部隊の編制をいう。

大極陣の考案には高島秋帆《しゅうはん》による銃砲の扱いや射撃法を参考にしている。高島流砲術は幕府にも採用され、各藩から入門者が続いた。田土部もそのひとりだった。ただし大極陣は高島流の模倣ではなかった。高島流と新発流を足して二で割った、いわば折衷だった。神発流とはこれまた斉昭が「奮発神州之正気」という句から採用したものだ。その流儀とは馬上から三眼銃（三連発銃）を連発する、あるいは六連発、八連発するというものだ。高島流洋式砲術に新発流を加えた陣形、戦法が大極陣であり、この点で他藩にはない水戸藩の独自性がある。

弘道館は文館と武館が対をなしていた。武館は三棟が並び、それぞれ剣術、槍術、居合、柔術などの稽古場になっていた。水戸藩の剣術はおおむね北辰一刀流、神道無念流、水府流の三派で構成されていた。北辰一刀流は千葉周作を始祖とし、神田お玉が池の玄武館は数千人の門人が稽古に励む大道場だった。千葉は水戸にやってきて水戸藩士にも稽古をつけていた。神道無念流は下野都賀郡出身の福井兵右衛門が享保年間（一七一六～一七三六）に確立し、江戸四ッ谷に道場を構えたことに始まるという。その後門人の戸賀崎熊太郎が同派の普及に努め、さらに戸賀崎の高弟岡田十松は水戸藩の剣術指南役に招聘され、藤田東湖や、後に新選組局長となる芹沢鴨などに稽古をつけていた。

水府流は斉昭を始祖としている。斉昭は弘道館指南役の山下伊左衛門に小野派一刀流、新陰流それぞれの長所を生かしながら一本化することを命じ、天保十二年八月にまったく新しい流派を創造した。弓矢は一町（約一一〇メートル）ないし二町さきの人形を射る、もしくは通し矢をもって合格とした。小銃は一町以上離れた人形を撃ち抜いて合格となった。成績優秀で合格した者には藩主斉昭から槍もしくは刀一振りが下賜された。とりわけ二連発銃をつかって二発とも命中すると、たとえ二男でも遊撃隊に加えたうえさらに白銀二枚の褒美がおくられた。

紀伊徳川家系図

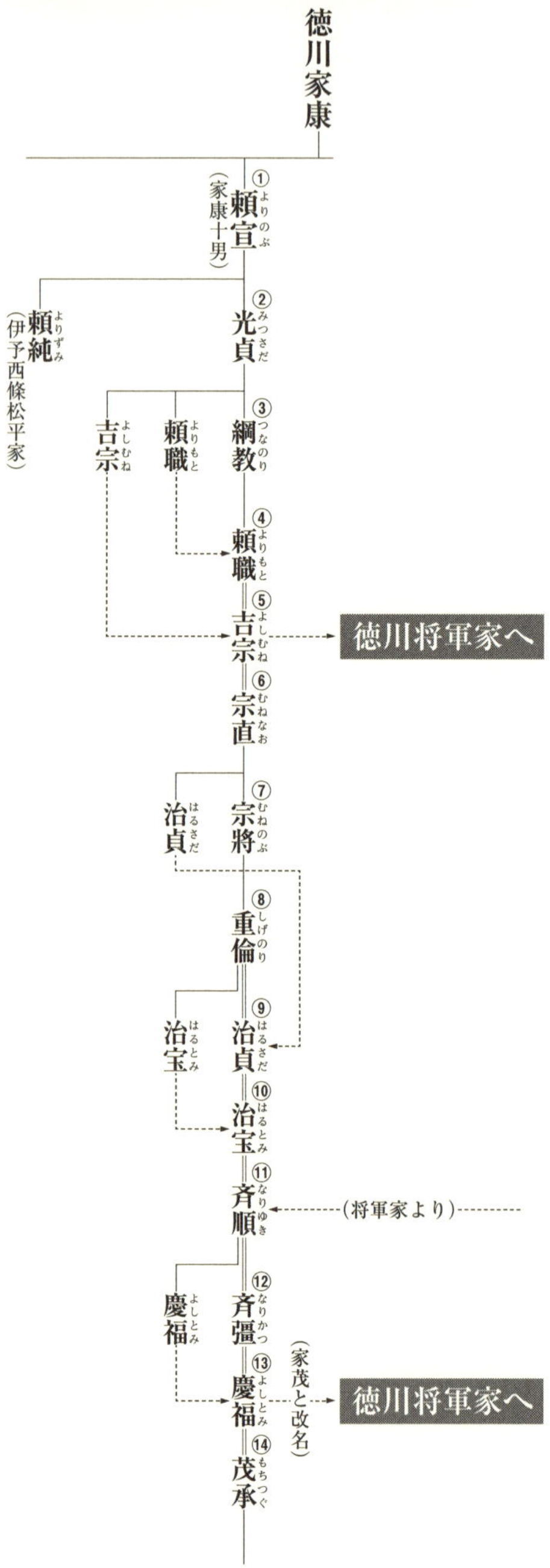

③ 水戸学と尊王攘夷

尊王攘夷を説く水戸学をもとめて諸藩の有志が笈を負って水戸詣で。
海防参与で幕政に物申す改革派斉昭の本領いよいよ発揮。
藤田東湖の『弘道館記述義』、会沢正志斎の『新論』は攘夷派有志の必読書。

水戸学の起こり

「水戸学」といえば尊王攘夷とくる。そのため水戸学を抜きに尊王攘夷は語れない。ただし水戸学と称する学問はない。水戸学とは、水戸藩出身の学者たちが提唱し、水戸を発祥地として唱えた学説であったのでそのように総称したものだ。したがって水戸学も会津藩の会津学、土佐藩の海南学とおなじように郷土の学問といえる。

けれど会津学にせよ海南学にせよ一国一藩を超えるものではなかった。これに対して水戸学は諸藩の藩士がぞくぞくと水戸詣でをする、水戸の学者が招聘されるなど他藩にまで影響をおよぼし、ついには革命理論として時代の嚆矢となり、維新回天のバイブルになったという点で違いがある。

水戸藩改革派学者の藤田幽谷の墓碑
（水戸常磐共同墓地）

では水戸学とは何かということになる。それは会沢正志斎《あいざわせいしさい》の『新論』であり、藤田東湖の『弘道館記』『弘道館記述義』『正気歌』などがそうだ。水戸藩は『大日本史』を著わしたように伝統的に皇室崇拝の念が強い。『大日本史』は天皇を国家形成の中心に置くといういわゆる国体論、国家観を明らかにし、日本人の精神的よりどころをしめしたところに革新性があった。

会沢正志斎が藩主斉脩《なりのぶ》に『新論』を呈上したのは文政八年（一八二五）三月だったから四十三歳の時だ。会沢は天明二年（一七八二）水戸城下に生まれた。父親は郡方手代というから下級武士の倅であった。十歳で藤田幽谷の門弟となり、十八歳で彰考館員に抜擢される。二十歳で『千島異聞』を上梓するなど早くから海外情勢に関心を向けていた。この関心は文政七年五月、大津浜に英国捕鯨船乗組員が上陸した時、筆談役となって英国人と折衝するなかでますます強くなり、同時に西欧諸国の海外進出がさかんな実態を目の当たりにし、漫然としていられないことを痛感する。そのため会沢は沿岸防衛の強化、国家のあるべき姿に関する『新論』を執筆するのだった。

『新論』を一読した斉脩は、論旨の斬新さに注目した。けれど反面、幕府の対外政策、沿岸防衛の無策ぶりを批判する部分もあることから彰考館など内々にとどめ、公表は避けよ、もし世間に流布したとしても姓名は伏せよと会沢に忠告したという。それほどに危険で過激な、今様にいえば発禁本ともいうべき『新論』

誠之進という名は斉昭が名付けたという
（水戸常磐共同墓地）

会沢正志斎

だった。ならばどのようなことが書かれていたのか。
『新論』は国体（上・中・下）・形勢・虜情・守御・長計の七章で構成されていた。けれど同書の骨子はおおむね国体と守御に集約されよう。会沢のいう国体とは政祭一致を原理とする国家体制をいう。したがって万民総意にもとづくものでなければならず、仁と徳をむねとする王道によるべし、と説くのだった。

国の形も、君民ともに和合し君民統合があってこそ外敵から国家国民を守り、平和と安全が保障されるとして、挙国一致を力説する。そしてここから尊王攘夷の思想が導き出される。海外情勢に関心の強かった会沢は、敵情探索および後方部隊との通信・連携の迅速化、そしてさらに水兵を新設し海軍力を強化すること、軍需物資の備蓄なども訴えている。西欧諸国の軍事力を分析するなかで、装備や物量の差を考慮せず、小船でも巨艦重砲に対抗できるとする精神主義、玉砕戦法をいましめ、盲目的な攘夷論を排している。じっさい会沢はのちに頑迷な鎖国攘夷論を批判し、尊王主義のもとで開国を是認している。

ともあれ当初『新論』は秘匿扱いされ、藩外流出が禁じられた。けれど家臣のあいだに『新論』の評価が次第に高まり、写本や類似本も多く出版されるようになる。そのため安政四年（一八五七）には会沢正志斎の著者名を明らかにした正式な『新論』の本が上梓される。国内外の情勢を克明に分析し、防衛の整備と強化に言及した出版物など当時はまったくなかった。その点でも新機軸を展開する

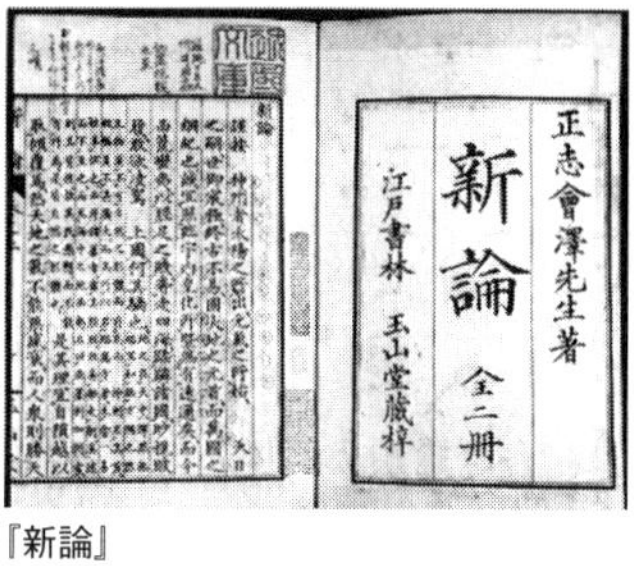

『新論』

『新論』は諸藩の攘夷派のこころをゆさぶり、水戸学への関心を引き付けた。

斉昭の失脚と復権

　天保十五年（一八四四）五月六日、斉昭は突然致仕謹慎処分を受け、十三歳の嫡男慶篤《よしあつ》を十代藩主に就ける。この譴責処分は七カ条の嫌疑と五カ条の疑心にもとづくものだった。七カ条だけを挙げるとこのようなものだ。

（一）鉄砲連発のこと、（二）御勝手向き不足の申し立てはそのとおりだろうが、これまではあるまじきこと、（三）松前のこと、今もってお望みのこと、（四）諸国浪人を召し抱えたこと、（五）御宮祭改めのこと、（六）寺社破却のこと、（七）学校土手の高さのこと――。

　斉昭は天保十一年一月以来水戸に滞在して藩政改革および軍政改革に取り組んでいた。そのような最中に幕閣の土井利位《としつら》、阿部正弘らの連署による召喚状が水戸に送られてきた。なにごとかとばかりに登城した斉昭に突き付けられたのがさきの七カ条だった。むろん七カ条のいずれも幕府の了承のもとで実施したもので法令違反にはあたらない、と斉昭は弁明する。ところが幕閣はこれを認めなかった。そのため斉昭とともに藤田、戸田など改革派の重鎮も同時に役職を罷免された。斉昭失脚の背景には改革派と門閥派の対立があった。水戸藩の派閥抗争は天

英邁といわれた水戸九代藩主斉昭像（水戸市）

保改革などを通してますます泥沼化した。門閥派の中心にいたのは結城《ゆうき》寅寿《とらじゅ》だった。彼は初代頼房以来の譜代の家臣である結城家の末孫であった。幼少の時から才覚を発揮し、二十四歳の若さで水戸藩の執政につき、藩の中枢を掌握していた。

結城の出世は門閥派が巻き返しをはかる好機となった。けれど結城の背後には鳥居耀蔵がいた。鳥居は洋学嫌いで有名だった。渡辺崋山や高野長英を牢獄におくった蛮社の獄で知られている。門閥派は鳥居の助力をバックに改革派壊滅を画策する。じっさい斉昭を失脚に追い込み、幼少の慶篤を十代藩主に就け、自派の盛り返しに成功する。

むろん改革派も押されてばかりいない。結城と鳥居が気脈を通じていることを暴露し、斉昭の無実を訴える雪冤運動がにわかに高まった。改革派はもとより農民や町人までが大挙して水戸街道の宿場に結集し、連日気勢を上げていた。この雪冤運動に高松藩主松平頼胤も理解をしめし、水戸藩三連枝と連携して斉昭の処分解除に乗り出す。

かくして天保十五年十一月二十六日、およそ二百日ぶりに斉昭の蟄居謹慎が解除された。けれどそれは藩内抗争の新たな始まりでもあった。事実斉昭は、謹慎処分解除から一年後の弘化二年（一八四五）十一月、藩内にうごめく「姦物」と称して結城寅寿、太田資春ら一四名の門閥派を列挙した封書を阿部正弘に送り、処罰を求めているのだった。

結城寅寿
（茨城県立歴史館蔵）

天保改革に連座し謹慎中に「正気歌」など執筆した藤田東湖の碑
（東京・墨田公園）

斉昭海防参与で再登場と側近の死

ペリー提督来航を契機に、時代は斉昭の再登場を必要とした。

欧米列強が日本との貿易を求めて頻繁に接近。その都度幕府は拒否。けれど米国は執拗。嘉永六年（一八五三）六月、米国東インド艦隊司令長官マシュー・キャルブレイス・ペリーが旗艦サスケハナなどを率いて江戸湾に入港。江戸っ子は仰天、幕府も動転した。対外交渉はすべて長崎奉行で、と指示したがペリーはフィルモア米大統領の国書を幕府に直接手渡し返事を受け取る役目を帯びていたから指示を拒否、江戸湾に入港した。

老中首座阿部正弘は対応に苦慮。従来なら幕閣が決裁すべきだが、ことの重大さに閣内は迷走した。そのため諸公、旗本あるいは民間の学者らにまで知恵を借りるありさま。打開策として幕府は回答は明年に、と回答。ペリーもひとまず帰国した。そこで阿部は駒込中屋敷に隠居中の斉昭を訪問して海防参与を依頼する。かくして嘉永六年七月三日、再び表舞台に躍り出た斉昭はただちに藤田、戸田を出府させて海防御用掛を命じるとともに七月八日には次のような海防一〇カ条を幕府に具申する。

（一）和睦か決戦か、基本方針をまず決定、（二）決戦と決定したなら国民一

阿部正弘肖像画（複製・二世五姓田芳柳原画）
（福山誠之館同窓会蔵）

瓦版『来アメリカ船浦賀航図』
（大阪城天守閣蔵）

丸となっての総力戦を全国に命令、（三）長崎のオランダ商人に武器弾薬、造船、航海技術の提供を依頼、（四）幕府、諸大名は大砲の製造、鉄材の備蓄、（五）武術訓練の強化、（六）銃砲訓練の強化、（七）海岸防備の強化および民兵の編制、（八）兵法、流派の臨機応変、（九）兵糧の備蓄強化、（十）神社崇拝、基督教厳禁——。

進言は国防強化、国論統一、体制引き締めにあった。阿部は斉昭案を閣内に諮るが、議論百出して二転三転。しびれを切らした斉昭は参与辞職をちらつかせつつ早期実現を迫ったから、十一月幕府もようやく大号令を発布した。

ペリーは約束どおり嘉永七年（一八五四）一月十六日、軍艦七隻を従えて再び来日した。三月三日交渉妥結。幕府は日米和親条約に調印した。これを皮切りに八月には英国、十二月にはロシアと相次いで和親条約をむすび、ここに幕府の二百余年の鎖国政策がついに崩壊した。開国にかたむく幕府に水戸をはじめ諸藩の攘夷論が沸騰したのはいうまでもない。安政二年（一八五五）八月、斉昭はさらに幕府参与に抜擢され、国政にまで関与する。ところがここでも改革派と保守派が対立。阿部にかわって保守派の堀田《ほった》正睦《まさよし》が老中首座に就くと改革派は急速に後退。そのため斉昭も在任期間約二年の幕政参与を辞職。もっとも辞職には藤田東湖、戸田忠敞の死、あるいは将軍継嗣問題などもからんでいた。

安政二年十月二日、江戸を襲った直下型地震は二週間ほど余震が続き、約一万

マシュー・ペリー

四〇〇〇戸の家屋焼失と死者四〇〇〇〇人余に達するという大惨事。犠牲者のなかに藤田東湖と戸田忠敞がいた。両名は股肱の臣、あるいは「両田」などといわれ斉昭をよく補佐した。そのため藤田には誠之進、戸田には忠太夫が斉昭からおくられ、「忠誠」を尽くすことを誓った。斉昭の悲嘆は深かった。たのみの二人を失ったからだ。幕府の弱腰に憤慨する斉昭は、だからなおさら列国が狙いとする通商条約締結には断固反対だ。ところが幕府は通商条約をも締結するありさま。斉昭は憤然とし、大老の井伊《いい》直弼《なおすけ》ら幕閣を難詰するのだった。

　和親条約締結で日米両国は下田開港、駐日米領事任命など一二カ条に調印した。安政三年七月二十一日、初代駐日米領事ハリス下田に着任。これを機にハリスは下田奉行に対して米国大統領の国書手渡しを口実に江戸城登城を執拗に要求する。この要求に屈した幕府はハリスの出府登城を受諾。十月二十一日、ついにハリスは江戸城に赴き、将軍家定に謁見し、国書を上呈した。けれど家定は身体に障害をもっており、正常な判断が困難だった。

　ハリスは堀田正睦を訪ね、通商条約の必要性を説き、鎖国政策の転換を迫る。そのためまたしても堀田は諸侯、御三家にハリスの要望を諮問。斉昭、即座に異議を唱えたのはいうまでもない。状況はしかし斉昭の意志とは別の方向に進化していた。堀田は条約締結に必要な勅許を得るため朝廷に赴くが失敗。さらにもうひとつ、上京に際して帯びていた将軍継嗣問題に関する一橋慶喜への内勅も明確

「安政大地震災害図」

タウンゼンド・ハリス
（玉泉寺蔵）

にできないまま帰府する。

　外交問題に加えて将軍継嗣問題が重なったから幕府はますます混迷の度を深める。家定に難局を打開する能力はなかった。しかも世継ぎもなかった。そのため福井藩主松平慶永（春嶽）は斉昭の第七子で一橋家養子の慶喜を次期将軍に推挙。一方井伊直弼は次期将軍に紀州藩主松平慶福を推挙。かくして閣内は通商条約、将軍継嗣、ふたつの難題をめぐって一橋派と紀州派の暗闘がたちまち激化した。井伊は、紀州藩付家老《つけがろう》で慶福擁立派の水野忠央と結び大老に就任し老中の実権を掌握した。ただし井伊は堀田をそのまま老中首座とし、安政五年六月十九日、通商条約調印の任に当てる。しかし調印後堀田は登城停止、さらに四日後には老中罷免となる。勅許を得ない条約締結が井伊に責められたのだ。

　幕府独断の調印を看過できない斉昭は息子の慶篤、尾張藩主慶恕《よしひろ》をともなって急遽登城。対応した井伊に無断調印を質《ただ》す。が井伊は世界の大勢を説き、もはや調印は避けがたいことを伝え、斉昭を論駁《ろんばく》。続く翌六月二十四日には慶福（家茂）を十四代将軍と決定した。二つの難局を乗り切った井伊は、一連の問題で幕府の方針に異を唱える不平分子への報復に出た。強硬な攘夷論者の斉昭がまっさきに槍玉にあがった。不時の登城が責められたのだ。御三家・三卿の登城日はきまっている。斉昭はこれを破り、井伊を難詰した。慶永、慶恕らは隠居。斉昭は謹慎。またしても厳罰に服することになる。

一橋慶喜（内藤業昌筆）
（茨城県立歴史館蔵）

徳川家茂
（徳川記念財団蔵）

④ 安政の大獄と桜田門外の変

井伊大老の強権政治に水戸脱藩浪士はついに決起。
桜田門外の変は幕府の威信失墜、幕藩体制弱体化の契機に。
攘夷か開国か——割れる国論、うずまくテロルの嵐に物情騒然の日本。

戊午の密勅

勅許を得ず、独断で米・露・蘭など五カ国と修好通商条約を締結したから孝明天皇は激怒し、幕府の専横を譴責する勅書を幕府と水戸藩に下す。勅書とは、「大老、閣老はその他の三家三卿、家門、列藩、外様、譜代とも一同群議評定し、国内治平、公武合体の実をあげ、徳川家を扶助して、内を整え、外夷の侮りを受けぬようにせよ」——というものだ。勅書は、幕府に対しては関白九条尚忠から禁裏付き武家大久保忠寛に、水戸藩には万里小路《までのこうじ》正房《まさふさ》から京都留守居役鵜飼吉左衛門にそれぞれ伝奏された。ただし水戸藩に対しては内々の伝奏だった。戊午《ぼご》の密勅といわれるゆえんはここにある。

水戸藩にとって勅書降下は巻き返しの好機。密勅は吉左衛門の息子幸吉によっ

井伊直弼肖像画（複製・井伊直安原画）
（豪徳寺蔵）

て江戸小石川藩邸の慶篤《よしあつ》に届けられた。慶篤は密勅を尾張、紀州両藩主のほか三卿に伝えるとともに幕府に水戸藩三連枝★への干渉の即時停止、斉昭、徳川慶恕、松平慶永らの謹慎解除を要求した。ところが幕府はこれを突っぱねたのみならず家老の安島帯刀ら重臣の更迭を命じるなど水戸藩のさらなる締め付けを強化した。

　幕府のたびかさなる仕打ちに水戸は騒然とした。なにしろ斉昭は謹慎。慶喜は登城停止。そのようなところに密勅降下だったからにわかに活気づき、これを機に斉昭雪冤、攘夷断行を求めて江戸登りを決断する士民が続出した。水戸街道筋の宿場に結集、気勢を上げるありさまだった。

　水戸藩密勅降下の背景には薩摩藩士日下部《くさかべ》伊《い》三次《そうじ》の朝廷工作があった。日下部は水戸領北部生まれの郷士。父の訥斎連崇義は元薩摩藩士だったがゆえあって免職。流浪ののち水戸にたどりつき、地元の娘を娶って伊三次を生む。文武にたけた訥斎連は水戸太田学館幹事をつとめる。その関係から日下部も水戸学に接し、改革派の戦列に加わる。

　けれど密勅に異論を唱える者もいた。九条関白だ。九条ももとは調印反対派。けれど井伊の腹心長野主膳や島田左近に説得され、調印容認に転じる。その九条が朝廷から排斥されるとの報を、島田が長野に送った書状で知った井伊はこれを水戸の謀略とみてとり、酒井京都所司代に九条擁護と水戸藩に断固たる処罰を加えよ、と下命。これによって鵜飼父子が逮捕。これよりさきの安政五年（一八五

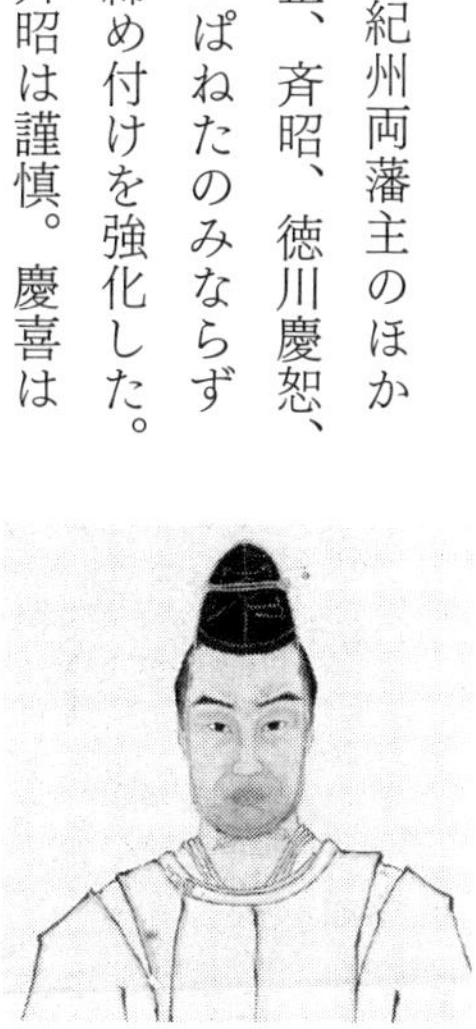
安島帯刀
（大洗町幕末と明治の博物館蔵）

▼三連枝
高松松平家、守山松平家、府中松平家。

八）九月七日には梅田雲浜の身柄が拘束され、江戸に護送された。そして翌六年四月には家老の安島帯刀など江戸在住の水戸藩重臣が次々と逮捕拘禁されていった。かくしてここに尊王攘夷派に対する未曾有の弾圧ともいうべき安政の大獄がついに断行された。攘夷を命じる勅書降下を契機に切って落とされた井伊大老の強権発動は、安政の大獄という名による粛清の嵐となって人々を恐怖に陥れた。

井伊大老の仮借ない弾圧に水戸士民らの怒りは爆発。士民が水戸街道を南上。小金宿には槍・鉄砲で武装した農兵部隊まで加わりおよそ三〇〇〇人が結集した。

水戸士民の怒濤の結集に水戸藩庁はたちまち狼狽。野村彝《つね》之助、金子孫二郎らを説得に派遣。ところが金子は説得するどころか高橋多一郎とはかり矢野長九郎、関鉄之助、住谷寅之介らを西国に向かわせ、諸藩への勅書回達および連携工作にあたらせる。勅書が示す攘夷実行は難事業。諸藩とりわけ薩摩、長州の連携がなければ実現はおぼつかない。住谷らはただちに行動を開始した。住谷は中山道から西国に向かい、関は北陸路をすすんだ。彼らは名を変え、町人に身を変えての隠密行。安政五年十月十一日のことだ。

井伊の粛清政治はなおも牙をむき、日下部伊三治や梅田雲浜を獄死においやり、十月七日には橋本左内と頼三樹三郎を、十月二十七日には吉田松陰をそれぞれ処刑した。このほか斉昭には国元での永久蟄居、慶喜には謹慎隠居、土佐藩主の山内豊信には謹慎を申し渡した。井伊の思惑どおり、水戸藩激派追放はあらかた達

梅田雲浜

桜田門外の変の首謀者金子孫二郎の墓
（水戸常磐共同墓地）

成する。けれどこれで終わったわけではない。最後のとどめとして井伊は水戸藩に降下された密勅の幕府返還を迫った。そむけば違勅で処罰すると水戸藩をゆさぶる。じつはこのような事態を危惧した家老の大場一真斎は、斉昭の命で水戸城中の祖廟《そびょう》に勅書をひそかに納めていた。

勅書返還是か非か。藩中はまたしても大騒ぎ。重鎮らは連日衆議を重ね、幕府の返還要求を拒否し、かわって朝廷に直接返還と決定する。だが幕閣の安藤信正はこれを承服せず、幕府返還を厳命した。勅書返還をめぐって紛糾するなか、幕府への返還容認の久木直次郎が安政七年二月の夜半、江戸において攘夷派数名に襲撃されれば水戸城下の魂消橋では返還反対派を鎮圧する藩兵が発砲を加える騒ぎになった。さらに勅書返還を生命をかけ阻止しようとした斎藤留次郎が、「いたずらに 朽ちぬ身をもいまはただ 国の御ために数ならずとも」との辞世を書き残し、城中大広間で割腹自決。まさに物情騒然。藩論は割れ収拾はつかず。けれど金子らは藩論に斟酌なく独自の行動を着々とすすめていた。

浪士の江戸潜入

金子孫二郎や高橋多一郎は井伊暗殺に関する計略を作成し黒沢忠三郎、佐野竹之介らにそれを託し薩摩藩との連携をはかるため出府させた。計略は一〇カ条

吉田松陰

橋本左内

からなり、主な点は（一）斬奸期日は安政七年（一八六〇）二月十日前後とする、（二）薩摩藩より兵士三〇〇〇名を率いて京都守護、（三）斬奸のうえ首級は馬にて南品川まで運びそこから船路をとる、（四）浅草観音に夜五つごろ百度参りし「かん」と問えば「おん」と応えること、（五）ぶら提灯の上に桜一輪つけること――。

このほか出府者の潜伏場所や横の連絡などを定めているが、佐野らを一足先に江戸に送り出した高橋は自分に捕史が回るのを察知し、嫡男の荘左衛門をともない、名を磯部三郎兵衛と変えて水戸を脱出。かねての計画どおり、薩摩藩同志と大坂挙兵をはかるため中山道を大坂に向かった。

関鉄之助にも藩庁から召喚状が届いたため旅装をととのえ早朝自宅を脱出して江戸に走った。金子は召喚こそ免れたものの決行期日が迫ったことから脱藩状を藩庁に提出後、名を西村東衛門と変えて稲田重蔵、佐藤鉄三郎らをともなって江戸に潜入する。さらに大関和七郎は酒泉好吉、妻子と別れた斎藤監物は佐々木馬之介とそれぞれ名を変えて江戸に出立した。斎藤は格式の高い常陸二の宮の神官だ。彼のほか要撃に加わった神官には鯉渕要人と海後嵯磯之介がいた。海後は身なりを奥州人らしく、いかにも田舎者といった姿に変えて水戸街道を南に向かう。途中大雪に見舞われ、雨具の購入に困るなど閉口しながらも日本橋馬喰町の旅籠井筒屋にようやくたどりつき、すでに投宿していた増子金八、杉山弥一郎らと再

桜田門外の変では斬奸趣意書の提出役斎藤監物の墓
（静神社・常陸大宮市）

会するのだった。

けれど一カ所に多数の投宿は疑いのもと。そのため二日後、海後は品川に宿を移している。関も浅草、吉原、京橋と転居を重ね、金子も、薩摩藩士有村次左衛門、雄助兄弟のはからいで三田の薩摩屋敷に移った。屋敷は在府者が薩摩に帰国し、がら空きだったからだ。同志たちは一様に町奉行の目をかわすのに苦心した。

増子、杉山は浅草寺の百度参りをよそおい、三々五々江戸入りをしてくる面々を「かん」「おん」の合言葉で出迎え、二月末までには要撃の面々があらかた出府したのを見届けた。薩摩屋敷では金子と有村が談義をかさね、水・薩両藩とも多数の参加者は見込めない、当初予定の斬奸期日を二月二十八日に延期、斬奸者も候補に挙げた安藤信正、高松藩主松平頼胤をはずし、井伊直弼一人にしぼる……などの計画の練り直しをはかった。

けれど期日が迫っても金子の熟慮は続き即断を避けた。しかし三月一日、金子は日本橋西河岸の山崎屋に関、斎藤、有村、稲田、佐藤、木村権之衛門を呼び、挙行は三月三日上巳《じょうし》の節句とし、要撃は登城中の井伊直弼を桜田門外で、と最後の決断を下した。このほか、金子は武鑑を携え諸家の道具鑑定をなすべし、四、五人を一組とし互いに連携すべし、まず先供を討ち、駕籠脇が狼狽する隙に大老を討つべし、大老の首級を挙げるべし、負傷者は自害もしくは閣老に自訴、その他はただちに上京すべし――と定めた。

この時さらに面々の役割と切り込み隊の配置も定めた。金子は全体を統率。関は現場の指揮を執り、切り込み隊には加わらない。岡部三十郎、畑弥平は事態を見届けたのち、品川の川崎屋に待機する金子に結果を報告することとした。切り込み隊の配置は、右翼、すなわち堀に面した側に広岡子之次郎、海後嵯磯之介、稲田重蔵、佐野竹之介、森山繁之介、大関和七郎。左翼、すなわち松平親良邸側に山口辰之介、杉山弥一郎、増子金八、黒沢忠三郎、有村次左衛門とした。後衛には鯉渕要人、蓮田市五郎、広木松之介を配し、前衛には森五六郎を当てた。

いよいよ明日決行という前日の三月二日夕刻、相模屋の奥座敷にはすでに酒宴の膳がならび、早い者は座についていた。この夜列席したのは海後、杉山、稲田、佐野ら切り込み隊の面々一九人。金子、有村、増子は欠席した。面々が一堂に会するのはこれが最初であり最後でもあった。斬奸《ざんかん》期日がついに明日と決まったなかで、面々は改めて盟約を交わし、成就を誓って酒杯を飲み干すのだった。

桜田門外の変

安政七年（一八六〇）三月三日。この日は上巳《じょうし》の節句《せっく》。いわゆるひな祭りである。そのため在府の諸侯は祝賀に総登城する。ところがあいにくこの日は雪模様だった。それでも沿道には物見高い江戸っ子が武鑑片手に、登城する大名行列を

桜田門外の変では細川邸に自訴した杉山弥一郎の墓（水戸常磐共同墓地）

見つめていた。武鑑とは大名の家紋、石高、官位などを示す、いわゆる紳士録のようなものだ。

物見客相手に葦簾《よしず》張りの燗酒屋が店を出し、一杯引っかける者もいれば海後のように、懐中から取り出した勝利散を佐野と分けて口に含む、あるいは大関のように人参を口に含んで心を落ち着かせようとする者もいた。堀に面した物見客のなかに傘をさし、半合羽姿の関がいた。彼も武鑑を開き、いかにも見物人であるかのように装った。

五つ時（午前八時）、登城を告げる太鼓が城中から響く。それを合図に諸侯が行列をなして桜田門をくぐる。尾張藩の行列が人々の目の前を過ぎた五つ半（午前九時）ごろ、井伊家の赤門が八の字に開き、行列が門を出た。井伊邸から桜田門まで三、四町（三二七メートル～四三六メートル）ほど。総勢六〇人ばかり。それぞれ雪にそなえて柄《つか》、鞘《さや》ともに袋で覆っていた。これが重大な過失だったのだが、それを知るのは後になってのこと。きざみ足で赤門を出るころはまだその悲劇を知る者はいない。

「赤鬼討つべし――」

面々は前日、小石川水戸藩邸の目安箱に脱藩届を投げ入れ、この日に臨んだ。そのせいか二十二歳と若い佐野は行列が門を出るなり早くも羽織の紐を解き始め、「まだまだ」と大関にいさめられるほど。けれど寸刻後、にわかに群衆がざわめ

井伊大老暗殺の舞台となった桜田門（東京都）

き始めた。先供が松平親良《ちかよし》邸にさしかかったところで突如前衛の森五六郎が行列の行く手に躍りだし、「捧げますぅー、お願いの筋がござりまするー」と叫び、懐中から書状を出して強訴におよぶという大芝居を打ったからだ。

突然のことに先供の沢村軍六、日下部三郎兵衛は「何者かっ、無礼者」と制止するがそれもつかの間。早くもその場で森に面を割られ、前のめりに突っ伏す。

「狼藉者ぞぉー」

先供が惨殺されたのを見るなり行列はたちまち総崩れとなった。この時を待っていたように群衆のなかから銃声が一発、鳴り響いた。それを合図に沿道の両側から抜刀した十数名の水戸脱藩浪士と一名の薩摩藩士が行列を襲撃した。

予期しない事態に供侍たちは狼狽するばかり。応戦するものの柄袋《さやぶくろ》を払ういとまもなく、はやくも数名が倒れ、井伊の駕籠脇で一人奮戦する川西忠左衛門もついに討ち死に。桜田門外はたちまち修羅場と化した。そのため当初は切り込み隊には加わらず、斬奸趣意書の提出役だった斎藤までもがいつしか熱くなり、乱闘の渦中に駆け込んでいた。駕籠舁《かごか》きは早々と退散し駕籠のまわりはがら空きだった。そこを目がけてまず稲田が一太刀、井伊を刺し貫く。広岡、海後が続けざまに突き刺す。もはや虫の息となった井伊掃部頭直弼《いいかもんのかみなおすけ》。駕籠から引きずり出すと有村は井伊の髪の毛をわしづかみにし、首を刎ねた。事変の一部始終をつぶさに見ていた畑は、襲撃から井伊の首級をあげるまで「煙草二服ばかりのあいだ」、

千波湖畔に造られたオープンセット（水戸市）

とのちに述懐するから、わずか十数分のできごとだったに違いない。
刎ねた首級を剣先に刺し貫き、「よかよかー」と大音声を発した有村の鬨《とき》の声にほかの浪士もみごと本懐を遂げたことを知り、いそぎ現場を立ち去った。あとには、水戸浪士で唯一その場で討ち死にした稲田重蔵のほか複数の供侍と首のない井伊の死体が横たわり、雪は鮮血で朱に染まっていた。

事変後の波紋

白昼、大老の井伊が暗殺された。大老といえば幕閣の最高責任者。今でいえば内閣総理大臣だ。江戸開幕以来なかった大失態に彦根藩邸は騒然とした。そのため彦根藩は、井伊の首級は遠藤家が預かっているのがわかったことから、藩士の首といつわって返還を受け、主君は負傷し自宅で療養中と事実を秘した文書を幕閣に提出した。

水戸藩も畑の急報で事態を知り、驚愕した。事変を見届けた畑は品川の旅籠に待つ金子に事件の一部始終を告げるとただちに水戸に急ぎ、ことの経緯を藩庁に伝えた。そのため翌四日には国元で蟄居中の斉昭にも事変の詳細が伝えられた。

さまざまな内憂外患に陥っているところに大老暗殺だったから幕府も困惑するばかりだった。なにしろ水戸家は御三家。井伊家は三十五万石、家康以来の譜代

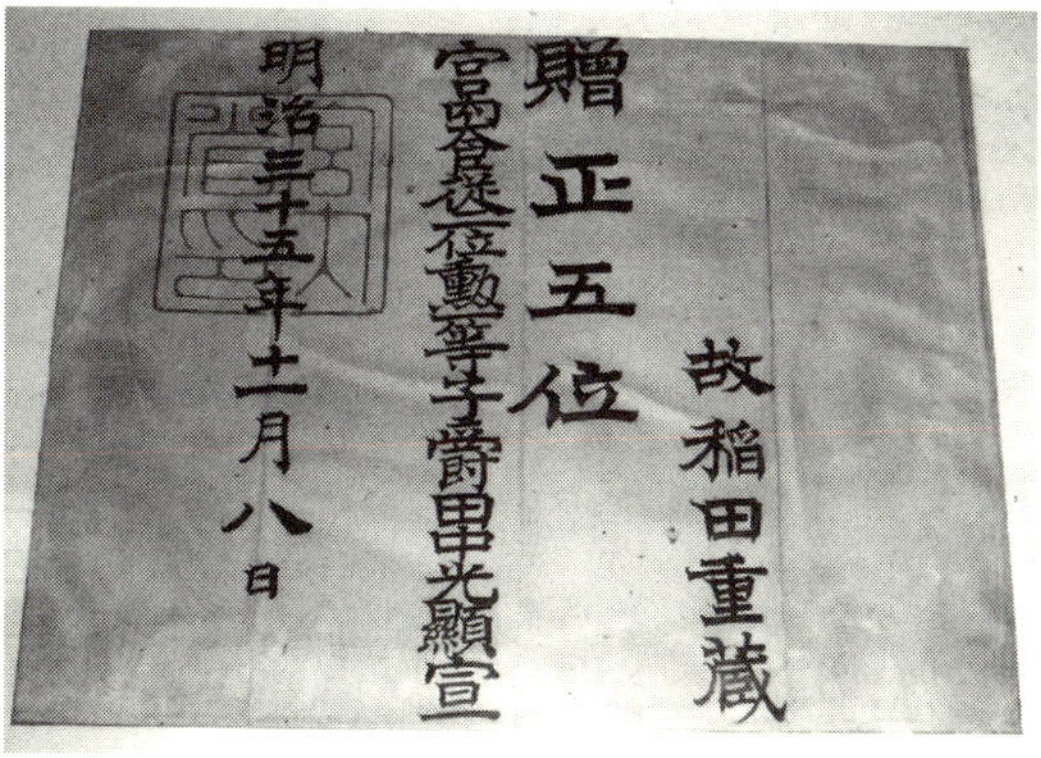

追贈された稲田重蔵は桜田門外の変で討死した唯一の人物である（水戸市・稲田敏男氏蔵）

大名だ。厳しい処断はかえって事態を混乱させる。そのため幕府は喧嘩両成敗、両家ともお咎めなしで事態の収拾をはかった。

では決行者はその後どうなったか。かねての定めどおり深手を負った有村、山口、鯉渕、広岡らは直後に自決した。佐野、斎藤、黒沢、蓮田は老中脇坂安宅邸に、森山、杉山、大関、森らも細川斉護邸にそれぞれ自訴した。けれど佐野は三日の夕刻、斎藤も、自訴後に斬奸趣意書を脇坂に提出した直後の八日、それぞれ落命。海後、広木、増子は事変後各地に潜伏。身の安全をはかり、海後と増子は明治の世まで生き延びた。ただし広木は北陸に逃れ、そこから大坂に向かうが厳しい警戒に果たせず、剃髪して鎌倉上行寺に赴き、同志らの処刑を知って自決する。事変から二年後の文久二年（一八六二）三月三日、二十五歳であった。畑から吉報を受けた金子は薩摩藩士有村雄介の従者となって高橋が待つ大坂に向かった。ところが有村を追尾していた薩摩藩の捕り方が四日市の旅籠に投宿との情報を探知し、事変から六日後の三月九日夜半、一行を捕縛。有村は国元、金子らは江戸にそれぞれ護送される。

残るは高橋と関になった。大坂に入った高橋は、さきに大坂に派遣して状況をさぐらせていた山崎猟造らと落ち合う。けれど井伊を討ち取り、目的は達成したものの薩摩藩の挙兵は期待できないことを知り、善後策を考えなければならなかった。しかしその時には高橋の身にも捕り方が迫り、包囲網を突破して血路を開

桜田門外の変では関鉄之介が現場の指揮を執った（水戸常磐共同墓地）

き、四天王寺に逃げ込む。とはいえ命運はそこまで。寺役人に事情を告げ、一室にこもって荘左衛門とともに割腹自決。奇しくも有村雄介が藩地で切腹を遂げるのと同じ三月二十四日だった。

三月五日関は江戸を脱出。商人に変装して中山道から大坂に入った。しかし高橋父子の最期、薩摩藩の西上が望めないことを知る。以後海路などを利用して山陰、山陽、四国、九州と逃亡の旅を続け、事変から四カ月後の七月初旬、水戸袋田の豪農桜岡源次衛門の納屋に潜伏した。潜伏先ではからずも野村、岡部、木村らと再会。けれどこのころ関は病を深くし、療養を兼ねて越後上関村の湯治場に逗留。だが執拗な捕吏の追跡をかわすことはできずついに文久元年十月、水戸藩士安藤龍介によって捕縛。江戸伝馬町に護送ののち文久二年五月斬首。三十九歳であった。一方自訴した面々も三月五日には評定所での尋問が開始し、のちに京都から護送された金子を最後に尋問は終了する。文久元年七月、金子のほか自訴組も全員処刑となった。

桜田門外の変は結局、幕府の攘夷断行も薩摩藩の挙兵もならず、大老殺害だけに終わった。とはいえ日本史上に大きな転換をもたらした事実は、その後の歴史が証明している。つまり事変を契機に時代の趨勢は倒幕へとすすむということだ。

水戸の祭礼（1）東照宮祭

東照宮といえば徳川家康を祭神とした神社であり、日光市や静岡市の久能山がよく知られている。

東照宮とは元和三年（一六一七）、後水尾天皇が家康に贈った勅意にちなむ。じつは水戸市にも東照宮がある。こちらの東照宮には元和七年、水戸初代藩主徳川頼房によって景勝地の霊松山に創建された。その後、元禄十二年（一六九九）、二代藩主光圀が常盤山に移築し、創建当時の社殿は大正六年（一九一七）、国宝に指定された。ところが昭和二十年（一九四五）八月一日から二日にかけて受けた米軍機の空襲で焼失。現在の社殿は昭和三十七年に再建され、コンクリート造りにかわった。

水戸市の東照宮は一般に「権現さん」と称され、市民に親しまれている。家康と共に頼房も合祀され、毎年四月十七日に例大祭が催される。藩祖の祭礼ということもあり、水戸一番の豪華さを誇ったともいう。

祭礼は三日間におよぶ。初日は、朝早くから笠つくろいと称して、町内ごとに踊りの行列がつくられるのであった。二日目になると、頼房が奉納したと伝える神輿が本殿からお出ましになり、白装束に烏帽子姿の氏子たちに担がれて練りあるき、仮奉殿に移される。このあいだには田楽舞が演じられたり、水戸藩家中に扮した男たちの供奉が奉納されたり、祭礼をいっそう盛り上げるのだった。

三日目になると祭礼もいよいよ佳境に入り、最高潮に達する。

仮奉殿からふたたび神輿が運び出され、もとの東照宮にもどる、還御のセレモニーがはじまる。還御にむかう途中、曲尺町、柵町、一の町、二の町など各町内とも豪華さを競い合う。例えば宝暦四年（一七五四）の記録によると、肴町は屋台ひとつ、田中町は花桶十荷、向町はササラ、泉町は屋台ひとつなどが沿道に繰り出し、このほかさらに吹流し、笠鉾、神楽獅子なども加わり、祭礼に花を添えていることがわかる。

現在はかつてほどの豪華さは薄らぎ、神輿の還御は三年に一度という。東照宮の境内には頼房が寄進した青銅製の灯籠や、光圀が奉納した時鐘、あるいは二代将軍秀忠を祭った霊屋などがある。

これも水戸

水戸の祭礼(2)
水戸偕楽園の梅祭り

水戸市の偕楽園では毎年二月から三月末にかけて梅祭りが開催され、県内外から多くの観梅客が訪れている。

祭りの期間中の日曜日はとくに観梅デーとして、かぐわしいかおりがただよう梅の花の下で琴の野外演奏や野天茶屋がひらかれ、ひと時優雅なこころもちにいざなうなど、観梅客をもてなしている。

偕楽園の築造主旨はすでに本文で触れているので割愛したい。偕楽園の梅林には現在百種類、約三〇〇〇本の梅が植えられているという。

毎年梅の開花期ともなると観梅客が訪れ、梅林のみごとさを堪能するが、偕楽園に観梅列車が運行されるようになったのは明治二十六年（一八九三）三月からであった。

明治二十二年に水戸――小山間に鉄道が開通したため上野駅が独自に観梅列車を企画したのが始まりという。さらに明治三十年には上野――岩沼間に常磐線が開通した。これを受けて民間サイドからも観梅誘致が始まるのだった。

誘致には水戸市内や大洗町の旅館、芸者、飲食店のほか市長や議員までが加わり、政官民あげて水戸駅長に請願したという。この誘致運動が功を奏し、明治四十三年には偕楽園下に臨時の停車駅が設けられ、観梅客に便宜をはかるようにもなった。

野天茶屋

偕楽園は小高い丘陵にあり、眺望がよい。とくに好文亭の楽寿楼からの眺めは、眼下に千波湖が広がるなど格別だ。好文亭は偕楽園の休憩所として九代藩主斉昭の発案で造られた。好文亭という名は、中国の、「文を好めば則ち梅開き、学を廃れば則ち梅開かず」という故事に由来するという。梅は別に「好文木」とも称される。ちなみに偕楽園は無料で入園できるが、好文亭は有料だ。

（写真提供：水戸市観光協会）

これも水戸

水戸納豆と鰻丼ことはじめ

水戸といえば納豆。いまや水戸市の代名詞ともなった水戸納豆。けれど水戸納豆が現在のようにナショナルブランドに成長したかげには笹沼清左衛門の功績をわすれてはならない。

安政元年（一八五四）、水戸城下に生まれた笹沼は、古文書のなかで、江戸には糸引き納豆というものがあることを知り、納豆製造を思い立った。そこで宮城県に出掛けて納豆製造の修行をかさね、明治二十年（一八八七）、念願の納豆工場を水戸に設立。創業から二年後、水戸・小山（栃木県）間に鉄道が開通した。

鉄道はヒト・モノ・カネ・情報を瞬時にして大量にもたらしてくれる。これを放っておく手はない。笹沼はここに着目した。つまり納豆を水戸の名物として乗客に売り込み、販路拡大をはかろうという寸法だ。

納豆が売れれば店は繁盛し、町も活気づく。同時に水戸の知名度もアップするからまさに一石二鳥というものだ。じじつ笹沼のねらいに狂いはなかった。水戸の納豆はたちまち乗客の評判となり、レールに乗って全国津々浦々に知れわたり、ついには水戸に名物あり、それは水戸の天狗納豆といわれるまでに広まるのだった。

鰻丼《うなどん》も水戸出身の男性が考え出したものだった。ところがその鰻丼、そもそもの発祥地は茨城県の牛久沼であり、考えだし、商品化した人は大久保今助とい水戸藩士であったことまで知る者はそう多くない。

江戸勤務の大久保今助は農民上がりの献金郷士ながら商才にたけていたらしい。水戸藩の勘定奉行につくなどなかなかのやり手だった。じっさい水戸藩専売の紙、煙草などの江戸会所を取り仕切るなど羽振りをきかせていた。さらに大久保は、家中の者にやらせていた富くじに江戸の市民にも参加させるなど話題の多い人物だ。

大久保は現在の茨城県常陸太田市で生まれた農民のせがれ。江戸から故郷に帰る途中、牛久沼で渡し舟を待つあいだ、茶店のあるじにうなぎのかば焼きとどんぶり飯を注文した。ほどなくして両方がはこばれ、今しも箸をつけようとしたところで「船が出るぞー」と船頭の声がした。あわてた大久保は昼飯どころではなくなった。どんぶり飯のうえにかば焼きを乗せて船に飛び乗るありさま。

ところが結果的にこれがよかったようだ。渡し舟が対岸に到着したところでゆったりと、大久保はどんぶり飯に箸をつけた。とたんにかぐわしいかおりが鼻孔をくすぐり、さらに箸をつけると、これがすこぶる美味。うなぎのかば焼きは蒸れてやわらかくなり、かば焼きのたれがめしにほどよく染み込んでいい味加減になっているではなかったか。

大久保は思わずひざをポーンとたたき、にやりとした。あつあつのどんぶり飯のうえにうなぎのかば焼きを乗せた鰻丼を江戸で売り出すことを大久保今助は思いついたのだ。

第四章 沸き立つ尊王攘夷と水戸藩

開国か鎖港か、激動する日本。高揚する国家意識、民族意識の中で奔走する水戸藩士。

1

藩内抗争の激化

多くの改革で時代を疾走した九代藩主斉昭は無念のうちに逝去。
混迷する藩内抗争は天狗党の筑波山挙兵でいよいよ頂点に。
藩内抗争に打開策をもたない日和見藩主慶篤に市川勢は藩政を壟断。

斉昭の生涯

万延元年（一八六〇）八月、徳川斉昭は六十一歳で没す。斉昭の生涯は毀誉褒貶に事欠かなかったが、やはり評価となれば藩主時代と幕政参与時代だろう。改革派としての本領を発揮したのはこの時代だからだ。

斉昭が九代藩主に就任したのは文政十二年（一八二九）十月。すでに三十歳。人生半ばに達していた。この就任は水戸藩改革派に担がれてのものだった。彼はただちに天保改革を断行。領地領民の生活再建に殖産振興、文武発揚、軍備増強などに着手。有能な人材は身分、家格を問わず広く登用した。

めざましい藩政改革は将軍家慶にも称賛され、宝刀授与の栄誉に浴する。これが英邁、名君といわれるゆえんだ。その斉昭がつまずいたのはこれまで述べてき

「徳川斉昭像」（茨城県弘道館事務所蔵）

たことに加え、極端な仏教排斥、神道崇拝も幕府の譴責に遭ったからだ。天保十五年（一八四四）五月、四十五歳で突然致仕謹慎。いまだ十三歳の慶篤に藩主の座を譲位する。斉昭失脚は青天の霹靂。そのため水戸開藩以来の大規模雪冤運動に発展した。しかもこれを契機に幕閣対水戸藩の対立抗争は時の経過とともに先鋭化する。

改革派主君の復権運動、さらにはペリー来航後にわかに起こった攘夷熱が加わり、斉昭再登場の期待が幕閣の中からもわき上がった。ペリー提督の江戸湾入港で幕閣は斉昭を海防参与に抜擢。藩主失脚から九年。五十四歳になった斉昭、今度は防衛大臣として幕政に関与する。けれど安政五年（一八五八）七月には再び謹慎となり、五年たらずの大臣職にすぎず、長くはなかった。とはいえこの間には将軍継嗣問題と日米修好通商条約の、国論を二分する二つの問題が発生し、我が国の針路を決定づける過渡期に直面した。わけても後者は我が国に開国を迫るものであり徳川政権の屋台骨をゆるがす大問題でもあった。そのため尊王攘夷の伝統的水戸学を継承する水戸藩士を中心とする攘夷運動が燃え上がり、諸藩の攘夷派に先鞭をつけた。それがすなわち桜田門外の変でありやがては公武合体、倒幕、さらに大政奉還へとつながる。

斉昭の死は突然であった。しかも桜田門事変から半年というタイミングから彦根藩士による報復ではないかとの憶測を呼んだ。けれど、どうやらこの暗殺説は根拠が薄い。斉昭の死因は持病の狭心症が有力視されている。

斉昭の遺骸は万延元年（一八六〇）九月二十九日、現在の城県常陸太田市にある瑞龍山に埋葬された。けれど死去から埋葬までの一カ月間ほど斉昭の死は公表されなかった。この時斉昭は蟄居中であり、いわば罪人であった。罪人の汚名を着たまま葬るわけにはいかない。そのため藩主の慶篤は謹慎解除を幕府に乞い、死去から十日後の八月二十六日、老中久世広周を小石川藩邸に迎えて謹慎解除の伝達を受けるのだった。これで汚名が雪《そそ》がれ、さらに九月十三日、斉昭には烈公《れっこう》という諡号がおくられた。ともあれ斉昭の後半生は、我が国がかつて経験したことのない内憂外患に襲われ、翻弄された激動時代とも重なった。そのためいかなる場でも自説を曲げず、妥協を嫌い、徹頭徹尾、攘夷論をつらぬく斉昭の姿勢には硬骨漢〝水戸っぽ〟の真骨頂をみてとれる。

東禅寺事件と坂下門外の変

文久元年（一八六一）五月、高輪東禅寺の英国公使館が夜襲を受けた。襲ったのはまたしても水戸脱藩浪士たちだった。夜襲の原因は、英国の公使館員たちが日本国内を跋扈《ばっこ》する尊大な振る舞いに憤慨し、天誅を加えるというものだ。

井伊亡き後、桜田門外の変の直前（一月十五日）に老中に就任したばかりの磐城平藩主安藤信正（信行）が実権を握った。安藤は安政の大獄の処罰方で井伊と衝突して老中を辞職していた関宿藩主久世《くぜ》広周《ひろちか》を再び老中に迎えた。安東・久世の二人は英・米など五カ国に加えてさらにポルトガル、プロシャなどとも修好通商条約を交わし、開国をすすめてゆく。そのため各国は駐日公館の設置および館員の駐在を幕府に次々と要求してゆく。幕府は当初、世論に配慮して要求を回避していた。けれど再三にわたる強硬な要求に屈し、米国は麻布の善福寺、蘭国は芝の長応寺、仏国は三田の済海寺、英国は高輪の東禅寺などに公使館設置を許可し、館員の常駐を容認するのだ。これだけでも攘夷派の憤激を買うのに十分すぎる。じっさい万延元年十二月、プロシャ使節の晩餐会に招かれ、麻布善福寺に帰館途中の米国通訳官ヒュースケンが薩摩郷士伊牟田尚平らに殺害されるなど外国人を狙った襲撃事件が多発。そのようなところに英国公使オールコックが長崎奉行の制止を無視して江戸に向かうなど横暴な行動に出たから水戸攘夷派は激高するのだった。そのため有賀半弥、前木新八郎ら十数名の水戸脱藩浪士はオールコック襲撃を計画した。

英国公使館は西尾、郡山の藩兵が警護していた。それを知らない浪士ではなかったはずだ。けれど事件の結末はじつにお粗末なものだった。

文久元年五月二十八日。この日は隅田川の川開き。両国界隈は人出でにぎわっていた。そのにぎわいに紛れて浪士たちは夜八時、泉岳寺に集合した。水戸のほ

東禅寺で討死した前木新八郎の墓
（水戸常磐共同墓地）

有賀半弥の墓
（水戸常磐共同墓地）

か下野出身の小堀寅吉、中村乙次郎ら一八人がそろった。午後十時、鉢巻、脚絆姿の浪士たちは裏門、総門など三方から東禅寺に乱入する。けれど藩兵の堅い警護や駐在員の拳銃の応射にひるみ、首謀者の有賀と古川主馬之介はその場で討ち死にする。小堀は現場を脱したものの傷深く、自決した。中村貞助、石井金四郎も旅籠に逃げ戻ったところで自害して果てた。その他の者も月日を置いて自決ないし捕縛後に死罪となっている。

寺の内部もオールコックの寝所もほとんど把握しておらず、勢いにまかせた乱入だった。これでは本懐を遂げる道理がない。お粗末な結末といったのはこのためだ。

坂下門外の変も計画の杜撰《ずさん》な点で東禅寺事件と大差がない。坂下門外の変は文久二年一月十五日、上元の佳例にあたり、在府諸侯の総登城を狙い、水戸、下野、越後の各浪士が安藤信正の行列を襲撃したものだ。

安藤は井伊の強権政治を改め、朝幕融和政策に転換した。その具体化が孝明天皇の妹和宮親子内親王を将軍家茂に降嫁させる、いわゆる公武合体だ。和宮は有《あり》栖川宮熾仁親王《すがわのみやたるひとしんのう》の婚約者だった。そのため孝明天皇は幕府案を頑なに拒否した。けれど島津久光ら公武合体派諸侯の執拗な要請もあり、攘夷断行を条件に婚姻を了承する。ところが安藤は攘夷決行どころか、日本の沿岸測量を容認する、あるいは江戸防衛の要所である品川御殿山を外国公使館に一括貸与し、蘭医のシーボ

ラザフォード・オールコック

和宮

ルトを幕政に関与させるなど井伊以上の開国政策を進めていった。これを黙視できない平山兵介や越後十日町出身の河本杜太郎ら六人は安藤を討つため上元★の総登城を狙い、安藤邸の登城口に目をこらした。

午前八時、登城を告げる太鼓がとどろく。やがて安藤邸の門が開き坂下門に向かって行列がくり出す。井伊事件後、閣老らの警戒は厳重になった。安藤も六〇人ほどの供侍を引き連れていた。それをわずか六人で襲うというのだからあまりに杜撰。案の定、六人はいずれも返り討ちを浴び、その場で討ち死にした。肝心の安藤は、駕籠を襲った平山の抜刀で背中、肩に突き傷を受けたものの自力で坂下門内に逃げ込み、生命は助かっている。とはいえ事件後の四月、老中を解任され、失職する。あとには、「あんどふを／けしてしまへば／夜明けかな」——などと、江戸市民の川柳だけが残った。

▼上元　一月十五日の佳節。この日、大名は登城することになっていた。

天狗党騒乱に藤田小四郎奔る

水戸十代藩主慶篤《よしあつ》の上洛に従った二十一歳の藤田小四郎は心を躍らせた。上洛は諸藩の攘夷派と交流を結ぶ機会になるからだ。実際、京都では諸藩の志士が頻繁に会していた。たとえば文久三年（一八六三）一月、京都東山の料亭翠紅館に肥後藩士宮部鼎蔵、土佐藩士武市半平太、長州藩士久坂玄瑞、松島剛蔵、水戸藩からは山口徳之進、林長左衛門、下野隼次郎らの藩士が参集したのもそのひとつだ。

この会合は長州藩世嗣毛利定広が主催した。これでもわかるように、そこでは、諸藩に分散する攘夷派の横断的なネットワーク化をはかるとともに将軍の上洛および攘夷断行が論議されたことは容易に想像できる。毛利は、攘夷断行の朝議督促を幕府に伝達、天皇の加茂社、大和行幸を献策——など表裏両面から攘夷運動を画策した人物だからだ。

切迫する時代の息吹に接した藤田小四郎は、あたかも水を得たさかなのように諸藩の攘夷派のあいだを奔走する。長州藩の桂小五郎、久坂玄瑞といった急進派と交わり、とくに初対面の桂からは、「そなたが東湖先生のご子息か」と親しく言葉をかけられたという。桂とはさらに元治元年（一八六四）一月、桂が斉昭の墓参のため来水したさい筑波挙兵の軍資金一〇〇〇両の支援を約束し、内金として五〇〇両を藤田に渡したともいう。

諸藩の攘夷派と交流し、同志的関係も築かれた。そのうえ幕府も攘夷決行を五月十日と定めた。これに気をよくした藤田は勇躍帰東。さっそく鳥取藩士北垣国道と謀り、有栖川宮の東下に随伴する鳥取、岡山両藩に対しては幕府に攘夷決行を迫ることを約束させ、これに並行して水戸側は筑波挙兵で東西呼応するとの密計を武田耕雲斎に伝え、同意を求めるのだった。むろん武田は藤田の軽挙をいましめた。とはいえすでに密計に向かって突進する藤田をいさめるのはもはや困難だった。郷士の竹内百太郎、桜田門事変に関与した畑弥平らをともなって藤田は下野、上野、武蔵の各地で筑波挙兵と同志糾合、軍資金調達などの遊説にまわった。

この遊説で下野の西岡邦之介、宇都宮左衛門らから一〇〇人の同志とともに参加あるいは渋沢栄一率いる天朝・慷慨連合の糾合を得るのだった。このほか姫路、出羽松山、島原、久留米、宇都宮諸藩士らの加勢を得ることにも成功した。

両毛遊説で同志糾合に手ごたえを得た藤田は帰水。活動の軸足も水戸から府中（現・石岡市）に移した。府中は筑波山に近く、おまけに水戸とは距離があるため藩庁の追及がかわせるという地の利があった。

水戸藩には藩校の弘道館のほか小川稽医館《けいいかん》、潮来文武館、野口時雍館《じようかん》、湊文武館などの郷校を設置し郷村の子弟教育をはかった。稽医館は竹内百太郎、時雍館は田中愿蔵《げんぞう》、文武館は岩谷敬一郎らが館長をつとめいずれも藤田につらなる攘夷派だ。とくに稽医館、文武館は水戸から遠く藩庁の干渉もゆるいため攘夷派の拠点と化し、多い時には一五〇〇人もが稽医館にむらがったという。そのため、なかには新徴組上がりの者もいた。

府中に活動の場を移した藤田は稽医館、文武館の間をせわしなく往復しながら竹内らと筑波山挙兵の準備を着々とすすめていた。徳川頼房の五男松平頼隆を藩祖とする府中二万石は水戸家の御連枝。そのため府中藩役人も、藤田らが日夜筑波山挙兵の密談を交わしているのは察知していたが、親藩の家臣であるためうかつに手出しもできなかった。

元治元年二月、藤田、岩谷、竹内の面々は府中の旅籠《はたご》紀州屋の二階で筑波山挙兵を協議後ただちに筑波山挙兵を決断した。ただこの時竹内の、若年の藤田は参謀とし総大将には老巧な人物を、との提案で軍学者の山国兵部を推した。これに対して藤田は田丸稲之衛門を推した。田丸は山国の実弟。田丸は町奉行にあるものの攘夷断行、横浜鎖港には理解を示していた。藤田は斎藤左次衛門とともに水戸に向かい、田丸に委細を告げ、総帥受諾の返答を得て府中に戻る。明けて三月下旬、二〇人ほどの同志をともない田丸が府中に到着した。これを待って紀州屋の近くにある鈴宮稲荷に攘夷断行の大願成就を祈願し、田丸総帥以下六十数名が柿岡宿、小幡宿を経て筑波山へと向かった。元治元年（一八六四）三月二十七日。かくして悲願の筑波山挙兵となった。

② 筑波山挙兵

幕府の弱腰外交に憂国の情やみがたし。
筑波山挙兵に諸藩の攘夷派有志が続々と結集。
ザンギリ頭を四民一和と称し、倒幕の意志も秘めていた田中愿蔵は異色の別働隊。

筑波山上に攘夷の狼煙

藤田小四郎が挙兵目的に横浜鎖港を掲げたのは、文久四年（一八六四）一月に再入京した将軍家茂に対して朝廷は沿岸防衛および横浜鎖港を委任したからだ。攘夷断行、横浜鎖港を幕府に決断させるそのさきがけたらんとして筑波山挙兵に出た藤田らは筑波山大御堂を本陣にしてついに攘夷の狼煙を上げた。

義挙を聞き付け、郷校の残留者や上州、野州の同志が続々と山頂を目指し、筑波勢はたちまち二〇〇名をこす大部隊に発展した。田丸を中心に軍議を重ねた。そこで藤田は日光東照宮参詣を提案する。東照宮は家康の御廟《びょう》。攘夷祈願目的の参詣を、となれば幕府の追及もかわせると読んだのだ。

さっそく斉昭の神位を納めた神輿を仕立て、四月三日早朝筑波山を下山し、日

天狗党義挙の筑波山（つくば市）

光を目指した。けれど参詣はあくまで建前にすぎない。真の狙いは宇都宮をはじめ下館、結城など常州、野州諸藩を攘夷派の戦列に加えることにあった。日光に向かう途中館林藩兵らと悶着もあったが無事参拝をすませる。日光から太平山神社に進路をとった。宮司には一泊の約束で宿泊を所望した。ところが実際は六月一日まで約五十日間も逗留することになる。この間藤田は諸藩有志に檄を飛ばし、戦列に加わることを呼びかけるとともに豪農・豪商から金穀の献納を仰ぐ。

　檄に呼応し、またしても四方から多数の有志が馳せ参じ、すでに六〇〇人にも膨れ上がっていた。そのため統制もゆるみ、仲間の不和も絶えなかった。実際新徴組から流れてきた山田一郎一派が町民に狼藉をはたらいたことを問われ、離脱した。このほか別に田中愿蔵《げんぞう》が率いる時雍館《じようかん》組にも問題があった。田中は水戸北領の村医者の息子だった。早くから逸材といわれ、江戸の昌平校で学び、年齢は藤田より年下の二十歳。筑波山挙兵には土田衡平を参謀に時雍館郷校生を従えて参加した。ただし、士分を中心に編制した藤田らを主流派とするなら田中隊は明らかに異端派だった。田中隊は脱藩浪士や博徒、職人、馬方など身分や出自を問わずに参加した、いわば寄せ集めで固めた部隊だからだ。

　そのうえ田中隊は全員髷を落とし、いわゆるザンギリ頭であった。身分社会では頭髪にも階級差があった。田中は一様にザンギリ頭にすることで身分差を取り払った。これを田中は「四民一和」と称したという。そのせいか田中は、攘夷と

時雍館の跡碑（常陸大宮市）

いう点では藤田と共通するものの、それより先の展望については一線を画すところがあり、常に主流派とはつかずはなれずの行動をとっていた。

筑波勢の動向を注視する幕府は軍資金や武器弾薬の強要に困惑する諸藩の憤懣の声もあり、水戸藩庁に説得にあたらせ、太平山神社に山国兵部を派遣した。山国は田丸の実兄だ。しかし帰投などもとより田丸の念頭にない。すでに一同死は覚悟のうえ、と逆に説得される。幕府は他藩にも警戒を命じ、筑波勢の動きを報告させた。幕府だけではない。じつは水戸藩の門閥派も筑波勢の動きに神経をとがらせていた。とくに弘道館の若い書生らは筑波勢を「天狗党」「天狗派」などと称し、大洗願入寺を拠点に天狗党討伐の気勢を上げるのだった。かくして水戸藩では天狗党と諸生党（書生党）、幕藩連合追討軍の三者による未曾有の内乱が勃発する。

天狗党騒乱勃発

歩兵頭北条新太郎を先陣に幕府軍およそ三五〇〇人。水戸藩門閥派市川三左衛門率いる諸生党二六〇〇人。さらに高崎、笠間両藩兵約二〇〇〇人が筑波山を目指して進軍した。元治元年（一八六四）七月七日、筑波天狗党討伐軍の出兵だ。討伐軍出兵に火をつけたのは田中愿蔵《げんぞう》一派の狼藉が起因した。大平山神社から

天狗党が逗留した太平山神社（栃木県大平町）

再び筑波山に戻った本隊とは別行動をとった田中隊は行き掛けの駄賃とばかりに下野栃木宿に立ち寄って軍資金を調達する。けれどその手口はじつに荒っぽい。見せしめに町人を斬殺し、恐怖心をあおって金品をゆするというもの。おまけに火を放って市中を全焼させ、悠然と立ち去るありさまだった。さらに田中隊は土浦藩領真鍋宿にも出没する。高台に数門の大砲を構え、城下に向けて威嚇射撃を加える。住民が逃げ去ったあとを民家に押し入り、金品を略奪するという無法ぶりだ。田中隊の行動で天狗党の評判はすっかり低下。天狗党といえば盗賊のたぐいとみなし、人々は震え上がった。そのため藤田は悪評を断ち切るためあえて田中を除名した。とはいえ田中は一定の距離を置きつつ、この後も本隊のあとについて各地を転戦する。

　幕府は水幕連合軍をさしむけ、小貝川をはさんで天狗党と対峙する。これが元治元年七月七日の高道祖《たかさい》の戦いだ。この戦いでついに天狗党は幕府に弓を引く逆賊となる。ただし戦闘は夕刻四時ごろから二時間ほどで終結した。両軍銃撃戦のみ、勝敗はつかなかった。いったん筑波山に退却した田丸稲之衛門は敵の力量をつかんだことから作戦を練り直して野戦を提案する。正攻法からゲリラ戦に変更したのだ。天狗党は武士が中心であったが、攘夷に熱心な町人や農民も加わった雑多な、いわばゲリラ集団であったから武器の扱いも軍事訓練も受けておらず、もとより正規軍とはいえなかった。

田丸は飯田軍蔵を夜襲隊長に抜擢した。飯田は藤田の親友。筑波挙兵には義弟の大和田外記と参加した。下妻藩庄屋総代の倅である飯田は土地勘があり、わざとあぜ道を選び、幕軍の本営多宝院に夜襲をかけた。不意をつかれた幕軍は武器を捨てて敗走した。飯田は戦利品を奪い、多宝院に火を放って悠然と帰陣する。

幕軍は江戸に、諸生党は水戸に逃げ帰る。天狗党も、夜襲に成功し初陣はかざったものの次の作戦が立たず、軍議を開くも横浜に進撃して鎖港断行を、いや、討伐軍の撃滅を、など議論百出した。けれど予期せぬ事態から天狗党の方針は定まった。藩の実権を握った門閥派が天狗党の家族や残留組に弾圧を加えているとの報に接したのだ。改革派のほとんどは天狗党と行動をともにしたためその隙に乗じて藩権は門閥派が握った。そこで市川三左衛門は、改革派によって失脚した朝比奈弥太郎、佐藤図書らを執政に復帰させ、天狗党討伐を強化する。そのため藤田は藩政を奪還したうえで再出兵を、と主張した。大勢はこれにかたむいた。ただしこのことがそもそも天狗党の義挙を矮小化《わいしょうか》させる要因にもなった。天狗党のその後の行動は攘夷断行、横浜鎖港といった改革運動から門閥派追放、藩政奪還といったいわば藩内抗争に変貌したからだ。

天狗党騒乱をめぐって藩内には多様な党派が出現した。そのため利害が一致すれば手を握り、一致点がなければ対立するなど離合集散が繰り返された。

まず筑波挙兵の天狗党だ。同派は水戸藩改革派を中心に結成された。斉昭の遺訓である、外国勢力を日本から排除し、尊王攘夷で国論の統一、各国との条約破棄、港湾封鎖を主張する。これに対立するのが門閥派だ。同派は水戸開藩以来の譜代家臣で構成され、その子弟たちが諸生党を結成した。門閥派はおおむね幕府の方針に従い、水戸藩に降下された勅書の幕府返納に同意する。市川三左衛門、朝比奈弥太郎、佐藤図書らが代表格だ。

この二大派閥に大発勢、鎮派、鯉淵派などが付随する。大発勢とは、攘夷断行、勅書回達を訴えて水戸街道の宿場に屯集する攘夷派が主体だった。ただし天狗党には加わらず、むしろ彼らの過激な行動を慰撫する側にいた。同派には山国兵部、武田耕雲斎、榊原新左衛門らがおり、宍戸藩主松平頼徳の軍勢に合流し、水戸城奪還、門閥派排斥に加わる。けれど幕軍の計略にはまった頼徳が切腹後は天狗党に接近。共闘体制をとる。

各派それぞれ思想も行動も違った。けれどあえて大雑把にくくれば、天狗党騒乱は反幕勢力の天狗党対佐幕勢力の門閥・諸生党の紛争といえよう。

宍戸藩主松平頼徳の切腹

元治元年（一八六四）十月十日、部田野《へたの》（現・ひたちなか市）を舞台に天狗・大発勢連合軍対水幕連合軍の激突がついに火ぶたを切った。まず先手を打ったのは

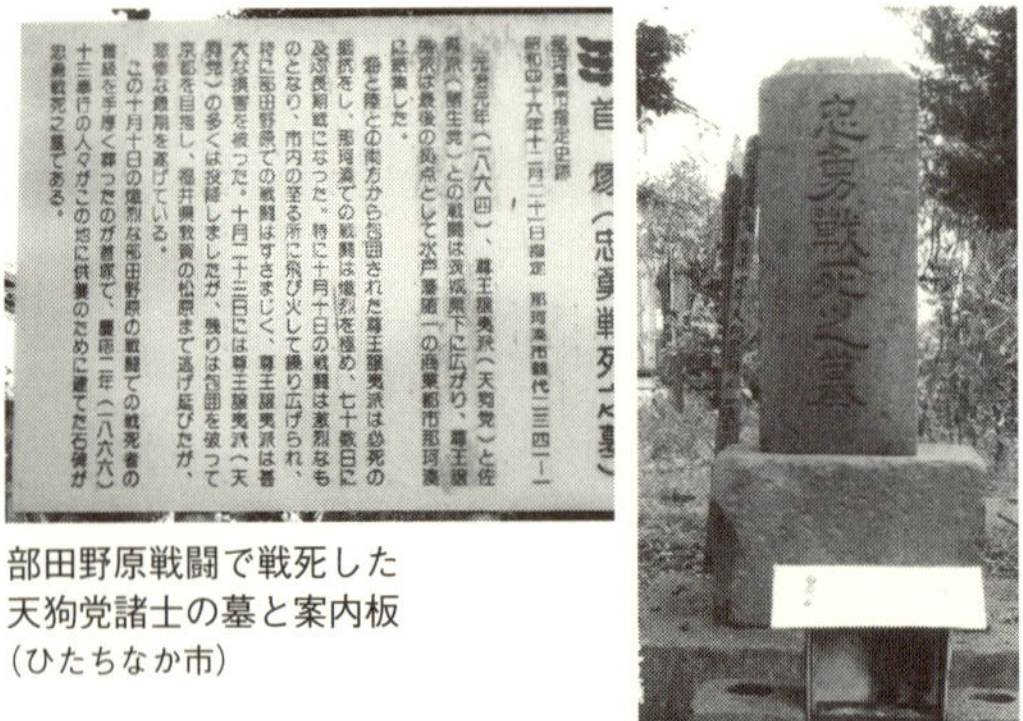

部田野原戦闘で戦死した
天狗党諸士の墓と案内板
（ひたちなか市）

市川三左衛門率いる諸生党だった。五百余人の農民部隊をともなって雲雀塚《ひばりづか》に進撃した。これに福島、宇都宮、壬生各藩兵と幕府軍が左右に広く陣形をとりながら続いた。天狗・大発勢連合軍は雲雀塚周辺に集結し、宍戸藩主松平頼徳軍を援護した。

同じころ、大発勢約五〇〇人を従えた武田耕雲斎が頼徳軍五十数名と合流し、水戸に向かった。頼徳は水戸藩主慶篤の名代として藩内沈静化に赴いた。そのため市川に諸生党の撤退、水戸城明け渡しを要求する。けれど市川はそれを拒否した。頼徳はさらに斉昭夫人の貞芳院に市川説得を依頼するがこれも不発に終わった。結局頼徳は水戸城入りを果たせず、那珂湊に退いて陣を張った。諸生党は頼徳軍勢も天狗党にくみする一派とみなし、武力で入城を拒否したのだ。

これを水戸藩の市川三左衛門の軍勢と幕府軍および幕府の命令で出陣した各藩の将兵が迎え撃った。一方、部田野より北に位置する助川で山野辺義芸、義綱勢と二本松藩兵が交戦し、山野辺勢は敗走した。二本松藩兵は久慈川も守備した。部田野から北に移動した田中愿蔵隊は守備隊と交戦し、撃破した。けれど石名坂の戦いでは諸生党に撃退されてしまう。南部では、藩内抗争に堕した天狗党と決別した他藩出身の伊藤益荒、熊谷誠一郎らが鉾田に集結後六〇〇人の部隊を再編制し、幕府討伐軍と交戦中だった。けれど地理に暗く、食料、武器弾薬、軍資金などの不足から劣勢は否めず、四散後自決あるいは処刑といった末路をたどる。

諸生党が結集した願入寺山（大洗町）

南北の戦闘に加えて頼徳および榊原の切腹という事態も発生した。慶篤名代の頼徳は平和的な開城を求めたが諸生党は武力で阻止したためやむなく武力を行使する。そのため幕軍側の救済措置は渡りに船、断る理由はない。随員三〇人とともに幕営に赴いた頼徳は軍監戸田五介と会見する。そこで戸田に、幕府に対し、藩内情勢の弁明の機会をもうけるよう依頼した。それを受けて戸田は頼徳を江戸に同行する。けれど途中、幕府の急使によって水戸に引き戻されたうえ、水戸家一門の松平頼遵邸に身柄を拘束され、あげくは官位剝奪、宍戸藩江戸屋敷没収の責めをうける。子息、家老、家臣らは高松藩邸にお預け。さらに頼徳は、「名代として領内鎮定に向かいながら賊徒に加わり、幕府に敵対。不届きの所業……」との理由から切腹に処せられるのであった。元治元年十月五日であった。切腹に臨み、頼徳はこのような辞世の句を遺す。

「思いきや　野田の案山子の竹の弓　引きも放たで朽ち果てんとは」

榊原新左衛門も幕軍の懐柔策にはめられた。榊原は頼徳同様藩内鎮定が目的だった。そのため天狗党とは一線を画す。とはいえ諸生党の攻撃には防戦せざるを得ない。それで榊原も賊徒とみなされることになった。幕軍に投降した榊原派一五四名は関宿、高崎各藩邸預けとなり幕府の評定を受ける。慶応元年（一八六五）三月、榊原のほか一九名切腹。二四名に死罪が言い渡される。天狗党ら賊徒とともに幕府、諸藩兵に敵対したというのが判決理由だった。

元治元年十月十日、水幕連合軍の第一次総攻撃が開始した。これを契機に連合軍は第二次、第三次と波状攻撃をかけ、天狗党が西上につく十月二十三日までの約二週間、部田野原を舞台に両軍の激戦が演じられた。部田野原は現在の城県ひたちなか市にあり、常陸台地といわれ、平坦な地がひろがる。

部田野原を主戦場に水幕連合軍対天狗・大発勢連合軍が激突する。一進一退を繰り返すものの市川が肩に銃弾を浴びて落馬。旗をまるめて退散する。あるいは味方の陣地が放火されるなど水幕軍は多数の犠牲者をだし武器弾薬を損失した。そのため幕軍を指揮する田沼意尊《たぬまおきたか》は大発勢の離反を画策する。つまりこれが榊原新左衛門らの投降だ。ところが投降を潔しとせず、自刃する者もいれば、鮎沢伊大夫、武田彦衛門らは武田耕雲斎の陣営に駆け込む。田沼は十月十七日、第二次総攻撃を再開したため、天狗党は兵力を分散し神出鬼没の奇襲戦法でこれを撃滅する。翌十八日の第三波では水幕軍は数千人の大軍を投入し、天狗党の陣地に集中砲火を浴びせる。この時の戦闘で飯田軍蔵は左足に銃弾を受け、偽名を使って投降する。けれど彼を知る者に見破られて笠間藩に投獄され、十一月に獄死。三十一歳であった。

数度の攻撃を仕掛けるものの強固な反撃に水幕軍は敗走の連続だった。とはいえ天狗党も無傷ではない。しかも戦闘の長期化、泥沼化は筑波山挙兵の大義からますます遠のくばかりだ。そのため藤田小四郎は田丸稲之衛門、山国兵部、武田耕雲斎らと協議し、このままいたずらに戦死してなんの益があろう、ともに上方に赴き素志を明らかにしなければ、と訴える。これに武田も同意し、ひとまず北方に軍を退き、陣容を立て直して再出発することとした。

田中愿蔵処刑

元治元年（一八六四）十月十六日、田中愿蔵《げんぞう》が処刑された。二十一歳であった。

田中は藤田小四郎の筑波山挙兵にいちはやく呼応し、終始行動をともにした。けれど両者には思想上に根本的なへだたりがあった。攘夷断行、修好通商条約破棄では共通するが、そのうえさらに田中には幕府転覆、すなわち倒幕を目指していた。じっさい田中は、天狗党が太平山神社から筑波に引き上げる途中、岩谷敬一郎に倒幕論を披瀝し、協力をもとめていた。岩谷率いる二〇〇名と自軍三〇〇名で甲府城を占拠する。岩谷は甲府城を守り、自軍は富士川を下って駿河の久能山に立て籠もり、そこを拠点に東海道を遮断して東西の連絡網を断つとの戦略まで明らかすのだった。当時岩谷は四十代。田中は二十そこそこ。そのため岩谷は田中の計略に思慮の足りなさをみてとり、回答を留保した。

田中は、水戸開城に赴いた松平頼徳が門閥派に撃退されて那珂湊に布陣したことで天狗党が援軍に向かったため時雍館一派を率いて合流した。出陣に際して田

田中愿蔵が放火略奪したといわれる栃木宿の商家郡（大洗町）

中は緋縅《ひおどし》の甲冑に綿の陣羽織、金地の扇に日の丸を描いた馬印の馬上にまたがり、「皇恩勿忘《こうおんわすれるなかれ》」と染め抜いた吹き流し二本を押し立て、出陣したという。

部田野原《へたのはら》の攻防戦を展開しながら田中隊は九月十七日、助川城奪還に成功した。助川城は頼徳軍の山野辺義芸が城主として守っていたが、二本松藩兵に攻め込まれて落城してしまう。けれど久慈川の二本松藩守備隊を撃破した田中愿蔵隊は助川城を占拠する二本松藩兵も撃退し、落城から十日後に助川城を取り戻す。じつはこの時岩谷敬一郎も四〇〇人の自軍を率いて助川城奪還に加わっていた。岩谷も天狗党本隊とは別行動をとっていた。そうしたことが期せずして田中隊との合流につながった。しかし二本松藩兵の城郭包囲で田中隊は助川城を脱出して北へ逃亡する。一方岩谷は那須、日光、さらに身延、遠州と逃亡を続け、ついには明治の世まで生涯をまっとうし、経験談を披瀝する。

北方に向かった田中隊三百余名はやがて八溝山頂にたどりつく。八溝山《やみぞさん》は城、福島、栃木の三県にまたがる標高約一〇〇〇メートルの阿武隈山脈につらなる山岳。ここで再起を、と一度は考えたが食糧はすでに底をつき、長期戦と長い行軍で隊員の戦意も次第に低下していた。田中は所持金を分配し、やむなく解散を決断する。一隊と別れた田中は十月一日下山した。その後単独行動をとり、天領の磐城国真名畑村農民の納屋に潜伏する。けれど農民から名主、名主から塙代官所に伝えられ、十月四日捕縛の身となり、十月十六日、久慈川河原の刑場で斬首に処せられた。罪状は、一隊を率いて各所に屯集したこと、軍用金と称して金子を借用したこと、栃木宿を放火したこと——この三つだ。

　刑場に向かう田中は馬上から、「みちのくの山路に骨は朽ちぬとも猶《なお》も護らん九重の里」と詠み、現世の置き土産とした。

これも水戸

お国自慢

これぞ水戸の銘菓と酒

水戸自慢の菓子と酒をちょっとだけ紹介

水戸の梅

蜜漬けの紫蘇の葉で小豆餡を包んだ、水戸の代表菓子（写真は木村屋本店）

のし梅

ゼリー状の梅肉を竹皮に塗り伸ばした、爽やかな酸味が特徴（写真はあさ川）

吉原殿中

斉昭の時代に、城の女中吉原が作ったと伝えられている、「御家宝」によく似た米菓子（写真は亀印製菓）

●この三銘菓を製造・販売している菓子舗は数多いが、ここでは有名店のほんの一部をご紹介。

あさ川
TEL029-247-8080

井熊総本店
TEL029-221-8581

亀印製菓㈱
TEL029-305-2211

木村屋本店
TEL029-221-3418

三ツ扇　上撰

㈾瀧田酒造店
TEL029-221-2434

副将軍　純米吟醸（720㎖）

明利種類㈱
TEL029-247-6111

一品　純米酒

吉久保酒造㈱
TEL029-224-4111

③

天狗党西上

西上で局面打開を決断した天狗党の苦難の行軍に風雪が舞う。幕府軍の執拗な追撃。前方には禁裏守衛総督の一橋慶喜の軍勢。進退きわまった天狗党、ついに加賀藩に投降。天狗党の面々はのちに靖国神社に合祀され、逆賊の汚名を返上。

大長征始まる

元治元年（一八六四）十一月一日未明、常陸大子を発した武田耕雲斎を総指揮官とする天狗党約一〇〇〇名は京を目指して西上した。目的は、京に滞在中の一橋慶喜を通し、攘夷達成の勅許を得て初志貫徹をはかるというものだった。

かくして天狗党は、徳川慶喜宛てに降伏状を差し出し武装解除する三月十八日までの四十七日間、およそ八〇〇キロにおよぶ天狗党の大長征が開始する。長征に先立って天狗党は部隊再編を実施した。総大将武田耕雲斎、大軍帥山国兵部、本陣田丸稲之衛門、補翼藤田小四郎・竹内百太郎、天勇隊長須藤敬之進、虎勇隊長三橋金六、竜勇隊長畑弥平、正武隊長井田平三郎、義勇隊長朝倉源太郎らが任に就いた。

さらに統制をはかるため、武田は五つの軍規を定めた。人民をみだりに殺害しないこと。民家に立ち入り、財産の略奪をしないこと。婦女子をみだりに近づけないこと。田畑を荒らさないこと。将長の命令なく勝手不法の行動をしないこと――。

一方幕府の対応はどうか。追討軍総帥の田沼意尊《おきたか》は天狗党が通過するとみられる諸藩に追討令を布告するとともに、たとえば武田は六十一歳、背は高くやせ型、色青白く疱瘡のあとがあり、弁舌さわやか……などとする、主要人物の人相書きを配布する。けれど長い行軍にもかかわらず、交戦したのは上州下仁田と信州和田峠の二カ所だった。だいたいは相手藩の要望にしたがって天狗党は山道や間道をたどり戦闘を回避している。

下仁田の戦闘は十一月十六日未明、高崎藩兵およそ三〇〇名の攻撃で開始した。ところが藩兵は三方に分散した天狗党の反撃でたちまち総崩れ。三時間ほどの戦闘で戦死者二五名を出して敗走する。天狗党の犠牲者は四名だった。

和田峠は現在の長野県諏訪市と上田市を結ぶ上田街道にある。天狗党が和田峠にさしかかったのは十一月二十日だった。峠を越える天狗党に諏訪《すわ》・松本連合軍が山上から一斉に射撃を加えた。ここでまたも兵法家の山国は味方を分散させる戦法をとり、他方面からの遊撃戦に打って出た。

午後四時ごろから始まった戦闘は初冬の早い日没にもかかわらず八時まで続行

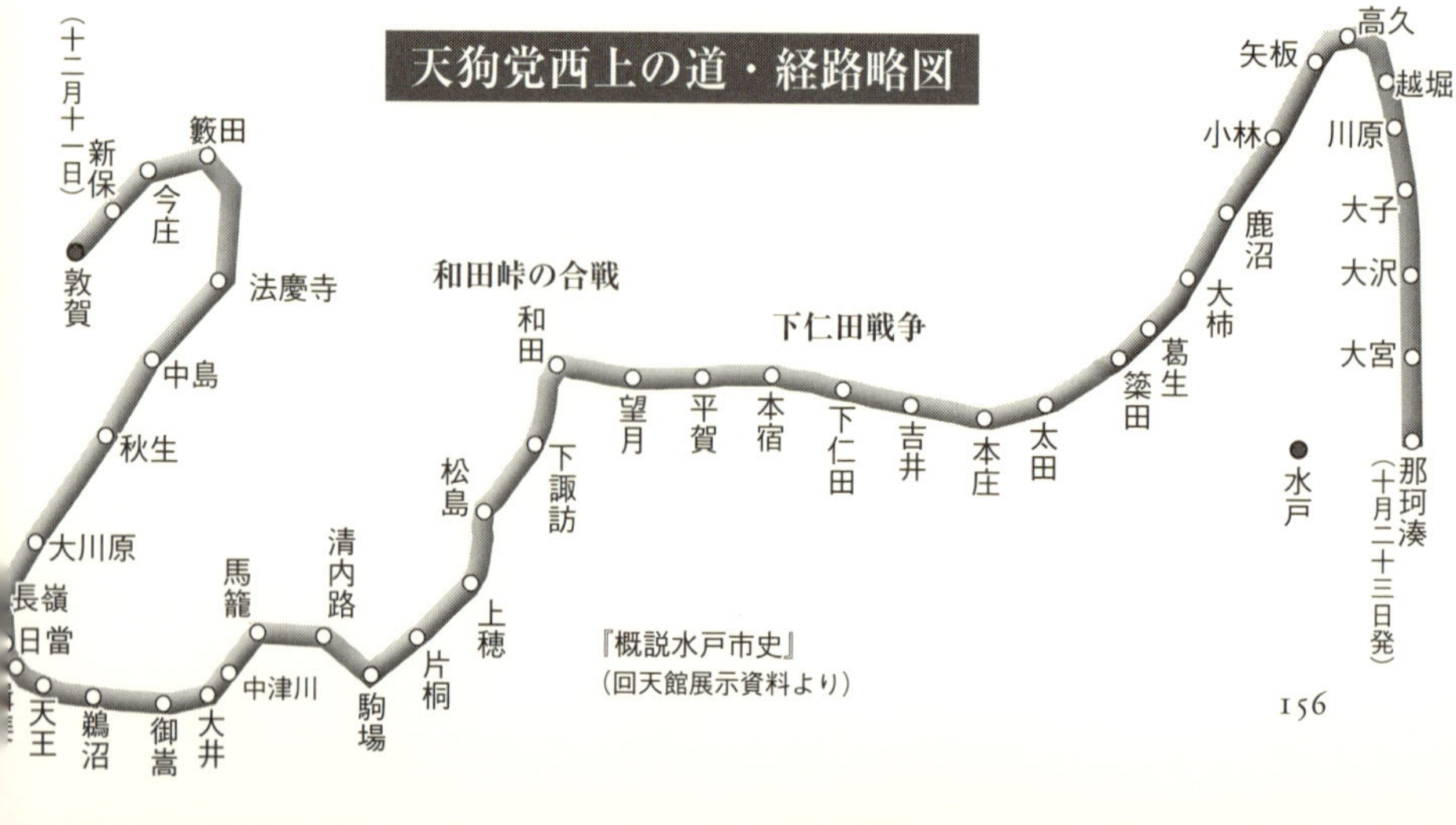

された。激戦の末、天狗党はここでも勝利する。連合軍は十数名の戦死者のほか大砲五門、小銃三〇挺が奪われる。山国大軍師の戦果だ。けれど天狗党も井野場半五郎、不動院全海など六名の犠牲者を出していた。これ以降戦闘はなかった。摩擦は極力避け、一刻も早く上京するのが目的だからだ。ただし長い行軍はまだまだ続く。和田峠を越えて中山道をすすみ、上清内路《かみせいないじ》、馬籠宿を通過。十一月二十七日木曾路から美濃路に入った。十一月二十九日太田宿（現・美濃加茂市）にたどりついた天狗党は昼食をとる。ここは尾張藩の領地だった。そのため武田は槍の穂先に白紙を巻き、戦意がないことをしめす。

慶喜出陣で天狗党の運命転換

元治元年（一八六四）十二月一日揖斐《いび》（現・岐阜県揖斐川町）に到着。大子宿を出発してちょうど一カ月が経過した。しかしこの日をさかいに天狗党の運命は大きく転換する。進路を変更したことと一橋慶喜が討伐軍総督の勅命を得て出陣したからだ。

揖斐から大垣、関ヶ原に進路をとればじきに琵琶湖にいたり京都は目前だ。けれど道中には加納藩、大垣藩さらには桜田門外の変以来水戸藩を仇敵とする彦根藩が対峙する。そのため天狗党は、遠回りになるが越前若狭に北上して京都に、と迂回策をとった。

一橋慶喜は斉昭の七男。天狗党西上の目的は、慶喜を通じて勅許を得て幕府に攘夷断行を迫るというものであった。ところがその慶喜は天狗党を賊徒とみなしたうえに会津、小田原など二五〇〇人の藩兵を率いて近江大津に布陣しているのだ。天狗党にとって慶喜のこの対応はまったく予期せざること。まさに頼るべき人を失うことであり、無念のきわみであった。

越前敦賀方面に迂回した天狗党は吹きつける風雪のなか、なお黙々と長征を続ける。けれど後方には幕府連合軍が迫り、前方には慶喜連合軍が立ちはだかり完全に包囲されている。けれど交戦はもとより不本意。そのため天狗党は加賀藩に対して西上の趣旨を記した書状をしめす。書状は加賀藩から慶喜に届けられた。こ加賀藩を介して天狗党と慶喜とのあいだで文書のやりとりが繰り返されるが、この間にも幕軍は武力で勝敗を、といきり立つ。天狗党も、投降はかえって素志を訴える好機とする帰順派に対し、松江藩や長州藩と連携して徹底抗戦をと主張する武闘派で意見が分かれた。けれど総大将の武田耕雲斎は次のような書状をしたためたうえで降伏を決断する。

「幕府と戦い、天下の大法を犯した。よって一同加賀藩の軍門に降る。いかなる処遇も覚悟ながら、流賊の汚名をこうむるは死後も遺憾であり、加賀藩においてよろしき弁明をお願いしたい」

かくして元治元年十二月二十一日、徳川慶喜が武田耕雲斎から届いた降伏文を受理したことで天狗党八二三名の身柄は越前敦賀の本勝寺、長遠寺、本妙寺それぞれに収容され、あらまし二カ月におよぶ長征は終わった。天狗党に対して加賀藩は夜具、風呂、時には酒を振る舞うなど武士としての体面を重んじて丁重に扱った。けれど慶喜の意向で彼らの身柄が幕府側に渡され、収容先も鰊倉★に移されると土間の中央に桶を据えて用便、土間にムシロを敷いて就寝、一日二度の握り飯という屈辱に満ちた扱いに変わった。

慶応元年（一八六五）二月一日、田沼意尊によって吟味が始まり、二月四日には早くも武田耕雲斎、藤田小四郎、山国兵部、田丸稲之衛門、竹内百太郎ら主要幹部二四名の処刑が始まり、二十三日までに合計三五二名が斬首刑に処せられた。このほか武田金次郎ら百三十余名が流罪、約三〇〇名が追放となった。

筑波挙兵から八カ月にわたる行軍は、天狗党が掲げた攘夷断行という崇高な目的とはまったく裏腹な一橋慶喜の対応によって悲劇的な結末を迎え、終息した。

なお処刑された四一一名の天狗党の人たちは、明治二十二年（一八八九）五月、靖国神社に合祀され、逆賊の汚名を返上し名誉回復がなされた。靖国神社には幕末・維新に関係した祭神約四二〇〇柱が祭られているが、このうち一四二〇柱、約三割を水戸藩士で占めている。このような事実からも来るべき新時代の先鞭をつけたのは水戸藩であったといえよう。

▼鰊倉
肥料用の魚を貯蔵する倉。

藤田小四郎の郡
（水戸常磐共同墓地）

天狗党騒乱後と報復の連鎖

天狗党諸士の処刑で市川三左衛門、朝比奈弥太郎ら門閥派は藩政奪還に成功し、騒乱鎮圧に貢献したとして市川は二千石から三千石、朝比奈は千三百石から二千五百石と破格の出世を遂げる。次第に勢力を盛り返した市川らは水戸に残留する改革派家族への報復に出た。とりわけ武田耕雲斎や田丸稲之衛門の家族には仮借なかった。武田の妻および九歳と三歳の幼子、十三歳と十歳の孫たちは水戸城下の牢屋敷で斬首に処せられる。田丸の場合も、八十三歳の母親および二歳と十歳の子たち五人が牢死するなどむごいものだった。

しかし市川政権は短命に終わった。京都本圀寺に滞在するいわゆる本圀寺派の長谷川作十郎、大場一真斎らは三条実美を通じて「除奸反正」の勅書を賜ると市川追討のため水戸に向かったからだ。さらにここへ武田金次郎率いる一団が合流した。武田金次郎は耕雲斎の孫だった。天狗党に加わったが処刑を免れ、小浜藩にお預けとなった。王政復古によって幽閉を解かれ、そのうえ彼にも「除奸反正」の朝命が下されたため金次郎は百数十名を率いて小石川の藩邸に帰還し、ただちに門閥派につらなる仇敵数十名を次々と暗殺した。続いて水戸に舞い戻り、天誅と称しては屋敷に乱入し、十数名を殺害するのだった。かくして水戸藩は天狗党騒乱後も血の粛清はやまず、報復の連鎖が続いた。

市川三左衛門も水戸脱出後、長谷川作十郎らの追撃をかわしながら会津、越後などに逃れ、再び水戸に戻り、さらに玉造から船で霞ヶ浦を渡り、銚子、下総の八日市場へとひたすら逃げのびる。

けれど水戸脱出から七カ月後、元号も明治に改元した元年（一八六八）十月六日、八日市場の戦いで朝比奈ら門閥派はついに壊滅した。ただしここに市川はいなかった。彼はなおも東京に逃れ、久我三左衛門と名を変えて潜伏する。けれどそれもやがて発覚し、明治二年二月、水戸役人に捕縛され、同年四月、水戸の長岡原で逆磔という極刑に処せられた。五十三歳であった。

これも水戸

水戸と新選組

芹沢鴨

芹沢は水戸藩領の行方郡玉造（現・行方市）の豪農芹沢貞幹の三男。戸賀崎熊太郎に神道無念流の剣術を学ぶ。天狗党に加わるものの、鹿島行方周辺では乱暴者として知られ、鹿島神宮の太鼓が大きすぎるといってはたたき壊す、理由もなく部下をあやめるなどしばしば狼藉をはたらき、江戸伝馬町の牢獄にも送られたこともある。

文久二年（一八六二）十二月、清河八郎の浪士募集に応じて上京。この時も本庄宿で焚き火をして宿場一帯に火の粉を降らせて住民を困惑させた。そのため取締役の山岡鉄舟が「東帰する」とまで激怒し、芹沢が謝罪する一幕もあった。

清河は幕府の命令で帰東。芹沢は近藤勇、土方歳三らと残留し、文久三年三月、京都守護職の傘下として新選組を結成し、筆頭局長となる。ところが上京後も島原角屋の器物や建物破壊、軍資金調達を拒否した大和屋を砲撃するなど粗暴は絶えず、ついに近藤は沖田総司に芹沢暗殺を命じた。同三年九月十八日、京都壬生の八木源之丞邸で同衾中の愛妾お梅とともに惨殺された。

この時芹沢の配下であった平間重助、平山五郎の水戸脱藩浪士も同時に八木邸で暗殺され、新選組から水戸派が一掃された。

伊東甲子太郎

伊東甲子太郎のもとの名は鈴木武明といった。志筑藩士鈴木専衛門の子として常陸国志筑村（現・かすみがうら市）に生まれる。父は罪科を問われて脱藩。武明は水戸に出て国学を修め、さらに江戸にのぼり、伊東精一郎道場で北辰一刀流を修行し、養子となって伊東姓に改める。

元治元年（一八六四）十一月、東下中の近藤勇の勧誘で新選組に参加。この年にちなんで甲子太郎と改名。参謀格で遇されるものの元来尊攘派の伊東はやがて近藤と対立し、実弟の鈴木三樹三郎、藤堂平助らを率いて新選組を脱退し、東山高台寺を拠点に孝明天皇の御陵衛士となる。

ただし実質的には薩摩藩から給金を得ていた。これが近藤に狙われる原因にもなる。

慶応三年（一八六七）十一月十八日、近藤に招かれ、単身、醒ケ井木津屋橋の妾宅を訪ねた帰路、木津屋橋通りで殺害された。

かくして新選組を支えた水戸藩ゆかりの幹部二人が近藤勇によって暗殺された。けれど大政奉還後、近藤勇は伏見鎮撫を命じられて伏見奉行所に本陣を構え、慶応三年十二月、竹田街道を馬で通過中、鈴木三樹三郎ら元御陵衛士に銃撃された上、佐原太郎の一太刀を浴びて重傷を負った。

さらに近藤は新選組の名称を甲陽鎮撫隊と変えて甲州方面で戦ったのち下総流山で態勢の立て直し中、官軍に捕らえられ、元水戸藩士であった東山道鎮撫総督府大軍監の鯉沼伊織によって斬首刑に処せられる。水戸藩士を目の敵にした報いとして、今度は水戸藩士であった者に処刑されるとは運命の皮肉としかいいようがない。

第五章 版籍奉還と水戸藩の終焉

慶喜の将軍職返上。有為な人材の枯渇。新時代から取り残された水戸藩。

1

若年藩主慶篤の襲封

勅書返納、水戸浪士の相次ぐ暗殺事件、激化する藩内抗争。
難題山積に藩主慶篤は前途多難。
多彩な才能と行動力の斉昭、水戸藩特有の暗号文まで考案。

慶篤渦中に多難な船出

弘化元年（一八四四）七月二十一日、徳川慶篤《よしあつ》は水戸十代藩主を襲封した。

これは、同年五月に七カ条の譴責処分を受けた斉昭に対して老中阿部正弘や土井利位《としつら》は致仕謹慎および慶篤襲封を決定したからだ。老中の使者に立った府中藩主松平頼縄《よりつぐ》と高松藩主松平頼胤《よりたね》の両名は小石川の水戸藩邸で斉昭と対面し、慶篤に対するすみやかな家督相続、常陸《ひたち》府中、高松、守山の三連枝を後見役とするとの老中の意向を伝達した。

藩主拝命を厳粛な面持ちで受けた慶篤は、責任の重さを改めて感じていた。慶篤は斉昭と登美宮吉子の嫡男として天保三年（一八三二）五月に生まれた。そのためまだ十三歳、少年にすぎない。若年というだけでなく、藩政に関与するなど実務経験もまったくなく、したがって藩運営の能力も技術も不十分であり、明確な方針をしめすなどできようはずもなかった。まして藩を取り巻く内外情勢はますます混沌とし、先行きの見えない、予測不可能な状況に突き進んでいる。

たとえば、藩内についていえば、斉昭の藩主失脚にともない藤田東湖や戸田忠太夫、武田耕雲斎といった改革派重鎮も謹慎となり、藩政から退けられたのにかわって朝比奈弥太郎、佐藤図書ら門閥派が執権を掌握し、藩政改革に歯止めをかけたこと、そのため慶篤の施政方針も次第に反改革にかたむき、斉昭との父子関係に齟齬をきたすようになったこと、改革派につらなる藩士たちの反幕感情が激化し、攘夷論の高まりと比例して脱藩浪士の不穏な行動が顕在化するといったことがある。そしてこれら一連の動きはのちに桜田門外の変、あるいは天狗党騒乱へと連動し、慶篤の苦悩をいっそう深めることになる。

一方、藩の外に目をやれば、前年の天保十四年五月にはロシア船が択捉《えとろふ》島に接岸する。十月にはイギリス戦艦が琉球諸島の測量をもくろむ。弘化元年四月には、開国を迫るオランダ国王の国書を携えたオランダ戦艦が長崎港に来航するなど外国勢力のゆさぶりは日ごとに増大し、雄藩諸侯に打開策をもとめるなど対応に苦慮する幕府の権威にかげりが生じはじめていた。このように激動する時代状況下で厳しい舵取りが要求されるなか襲封する若年藩主慶篤はまさに渦巻く海に漕ぎ出す船にも似て、容易ならざらん多難な船出になった。

実際、事態はそのような方向に推移していた。藩内は斉昭雪冤をめぐって改革派と門閥派が激突し、収拾のつかない状態に陥っているにもかかわらず有効策を持ち合わせておらず、右顧左眄するばかり。藩主とはいえいまだ若年の慶篤に実権はなく、名前だけにすぎないことを露呈している。そのため幕府も、水戸藩に対する通達は三連枝ないし水戸藩家老の中山信守を通しておこなうということが常態化していた。

慶篤の有名無実ぶりは、斉昭の蟄居謹慎解除、さらに藩政参与によっていよいよ顕在化してゆく。水戸藩改革派は大奥や奥典医に接近し、斉昭赦免に対する幕閣への働きかけをしていた。それが功を奏し、処分から七カ月後の天保十五年(一八四四／十二月二日、弘化と改元)弘化元年十一月、老中堀親宝が小石川藩邸に赴き、斉昭の謹慎解除を伝えた。赦免から約八カ月後の弘化二年八月、斉昭は幕府の海防掛となった阿部正弘に『明訓一斑鈔』を贈呈し、祝意をしめす。翌月には関白鷹司政通に『八州文藻』、さらに弘化三年三月には『丙丁録』をそれぞれ献呈する。同年六月には阿部正弘に対外方針および軍艦建造の解禁を説く文書を呈している。

これに続いて阿部には米・蘭両国の国書不可、外国艦船の入港不可、沿岸警備の強化拡充、艦船建造の督励などを訴える建言書を頻繁にししたため、阿部からは理解をしめす返書が届いている。このほか斉昭は薩摩藩世子島津斉彬《なりあきら》、宇和島藩主伊達宗城《むねなり》などともさかんに通信を交わし、幕政あるいは緊迫する時局を語っている。藩政にかかわれない焦燥感を文通で補おうとする斉昭の動きは藩主時代にも増して精力的であった。それに引き換え慶篤の存在はますます影が薄くなり、どちらが藩主かと見まがうばかりだ。幕府も、このような変則的な状態は看過できなかった。そのため嘉永元年（一八四八）三月、十七歳の元服を終えた慶篤の六月一日の登城日を機に、老中の牧野忠雅は将軍家慶《いえよし》の内命をしめす封書を渡すとともに戒告を伝えるのだった。封書にはおおむね以下のような事柄がしたためられていた。

三連枝を後見人にしたのは、若年で大藩の家督を相続し大任を果たすのは負担が重いとの思し召しからだが、いつまでもこの状態を続けるのは好ましくない。藩主としての心得は文武に精励し、国政の安定化をはかり、士臣の賞罰は公平にし、人心の掌握につとめて執政にあたるべし。家臣の党派闘争は厳に慎み、諸藩の模範となること。

中納言（斉昭）殿は厳重な沙汰を申し渡されたが、事業のすべてに過誤があったわけではない。むしろ藩内の浮華を戒め、文武を引き立て、外夷防備を強化したのはもっともなことである。しかしかかる政事は次第に弛緩し、まったくよろしからざる事態にいたったことは好ましくない。年齢的にも成長され、かくなるうえは連枝、家老に一任せず、諸事全般自らの思慮で執行にあたること。

将軍家慶の封書は、六月一日にしめされたことから水戸藩では「六朔内諭」と称している。けれど書状は、阿部正弘の自筆の草書体であったため斉昭が仮名をつけた、内諭は六月一日であったが六月九日と書き換えられた、などから改竄《かいざん》の疑いがあるとして真偽には疑問符がついている。

ともあれ、将軍自らが内諭をしめすことじたいからして、慶篤の主体性なき執政によくよくのものがあったに違いない。ところが家慶の叱咤にもかかわらず慶篤の威信回復はますます困難になるばかりだった。嘉永二年三月、幕府は斉昭の藩政参与を認めたからだ。斉昭復帰は水戸藩に二元政治を持ち込む要因となり、威信にまさる斉昭の背後で慶篤は埋没するばかりであった。そしてこのことが斉昭・慶篤父子の離反、相互不信を増幅させるのだった。

慶篤の婚礼と水幕融和

水戸藩主慶篤はかねて婚約中であった線姫《いとひめ》とめでたく祝言を挙げた。嘉永五年（一八五二）十二月、慶篤二十一歳、線姫十八歳であった。二人の婚礼には、齟齬をきたし懐疑的であった幕府と水戸藩、および斉昭と慶篤父子の関係を解消し、融和をはかるという将軍家慶なりのはからいがあった。

将軍家慶はかかる事態に心を悩まし、線姫降嫁で、ぎくしゃくした水幕間の融和、斉昭・慶篤父子の和解をとりもとうと腐心した。線姫は有栖川宮幟仁《たかひと》親王の長女で、天保六年（一八三五）生まれだった。嘉永元年十二月、将軍家慶から線姫と慶篤縁組の内意が伝えられる。嘉永四年には嫡男の熾仁《たるひと》親王と仁孝天皇の八女である和宮内親王との婚約が成立し、入輿の日取りもととのっていた。

慶篤との婚約内諾よりさきの弘化三年（一八四六）、線姫は家慶の養女となる。続いて将軍家慶は弘化四年九月、慶篤の弟昭致《あきむね》（のちの慶喜）に一橋家の養子を命じた。これらでひとまず水幕融和の道筋をつけ、慶篤縁組で信頼回復をはかった。嘉永二年六月の登城日に際して家慶は特別に慶篤だけを大奥に招き、拝謁を許すとともに歓待した。一カ月後の七夕にも再び大奥に招き、同じく将軍拝謁を許した。

九月に入ると今度は家慶のほうから小石川の水戸藩邸に出向くほどだった。この訪問は妹の峰壽院（斉脩《なりのぶ》の正室峰姫）のご機嫌うかがいを口実にしたものだが、水幕間のこじれた関係をもとに復したいというのが真の目的であったことはいうまでもない。家慶のこの訪問に斉昭父子も盛大な饗宴でもてなした。嘉永三年十一月、家慶は慶篤と線姫の縁組を正式に容認する。そして翌月には、慶篤は権中納言に叙される。翌四年四月、家慶から婚礼の件について、嘉永五年十一月挙式との通達が慶篤のもとに届く。これを受け、通達から約半年後の十一月、慶篤は線姫との結納を交わすのだった。かくして嘉永五年十一月の線姫入輿にむけた準備が着々と進められてゆく。そしてこの間にも慶篤は、刊行が成った『大日本史』の紀伝一七三冊を嘉永五年二月幕府と朝廷にそれぞれに献上し、恭順をしめす一助としている。

線姫にとって家慶の正室喬子、斉昭の正室吉子はともに大叔母にあたる。このような関係から慶篤と結ばれ、嘉永七年閏七月には長女の随姫を出産する。しかし、安政三年十一月、線姫は二十二歳の若さで逝去する。

慶篤は線姫死去後の安政五年二月、幕府の許しが出たのを受け、権大納言広幡《ひろはた》忠礼《ただあや》の妹、鋭姫と再婚し、正室に迎え入れる。斉昭と慶篤の和解はしかし幕府との仲ほどには進展しなかった。むしろ斉昭の門閥派敵視はいっそう激しさを増すばかりだった。

神発仮名は水戸藩特有の暗号

慶篤と斉昭の不和に心を痛めているのは将軍家慶だけではない。母親の吉子も同じだった。吉子は、重臣に取り込まれ、斉昭との離反をくわだてる反改革派から慶篤を取り戻すため三連枝の影響力を行使し、重臣の人事異動をもとめるのだった。

けれど三連枝は、要望は承知したとしつつも、吉子が名指しした重臣にはなんら責めるべき過誤はなく、政務にはげみ政事も万事粛々ととりおこなわれておれば異動はかえって混乱を生むとして吉子の要望を突き返していた。

斉昭も、慶篤の保守的な姿勢は陰で糸引く門閥派の影響とみなしていた。そのため門閥派に対する不信感は次第に警戒心へと高じていった。神発仮名の考案は、斉昭の警戒心がいかに強いかをしめす象徴といってよい。

神発《しんぱつ》仮名《がな》を発案したのは斉昭だった。神発仮名という名称は「神州の正気を奮発する」つまり正義、忠義の精神を発奮させるとの、水戸学の理念に由来する。そのため神発仮名は他藩には例のない、水戸藩特有の暗号だった。けれどいつごろ考案され、いつごろまで使用されていたか、正確にはわからない。ただし弘化四年（一八四七）八月、戸田忠太夫が斉昭宛に送った書状には二〇カ所もの神発仮名を使用している、同年十二月、幽閉中の藤田東湖が高橋多一郎に宛てた書状で神発仮名について言及しているところをみると、すでにこのころ斉昭が信頼する家臣のあいだではかなり浸透していたようだ。神発仮名とは、ではいったいどのようなものであったか。たとえば「いろは」「けふこえて」を例に、具体的に説明するとこのようになる。

「い」の母字は「移」で、母字の「タ」の部分を用いる。「ろ」の母字は「路」で、母字の「ク」の部分を用いた。「は」の母字は「伴」で、母字の「イ」の部分を用いた。「け」の母字は「希」で、母字の「メ」の部分を使った。「ふ」の母字は「父」で、母字の「ハ」の部分を使っていた。「こ」の母字は「古」で、母字の「ナ」の部分を使った。「え」の母字は「叡」で、母字の「ヌ」の部分を使った。「て」の母字は「弖」で、母字の「コ」の部分を使っていた。

　したがってたとえば神発仮名を使って「お会いしたい」との書状をしためると、「お」は母字の「於」の「ニ」の部分、「あ」は母字の「安」の「女」の部分、「い」は母字の「移」の「タ」の部分、「し」は母字の「斗」の「シ」の部分、「た」は母字の「他」の「也」の部分、「い」は母字の「移」の「タ」の部分を使うことになり、続けて書くと「ニ女タシ也タ」というようになろうか。

　斉昭の神発仮名着想には重臣らに対する強い猜疑心があった。蟄居中にもかかわらず駒込の中屋敷に門閥派がひそかに送り込んだ密偵の女中がまぎれこみ四六時中身辺を探っている。そのため書信の開封のおそれもあれば、したためるにしても家中の者が寝静まった深夜、床に伏して筆をとるありさまなどと斉昭は嘆き、信用できるのは二人だけといって女中の名前を挙げている。さらには、食膳の料理を庭の飼い犬に与えたところたちまち頓死したことから食物に毒が盛られたといい、斉昭の猜疑心はますます高じるばかりだった。そのためじっさい十河《そごう》祐元《すけもと》は斬首刑に処せられている。

十河は水戸藩お抱えの医者であった。けれど門閥派の重臣である結城《ゆうき》寅寿《とらじゅ》らと結託し、父子離反を狙って安政三年三月、まず斉昭を、続いて慶篤の毒殺をくわだてた。けれど寸前のところで側用人に見破られ、側用人から改革派重臣に十河の所業が伝えられたため十河は処刑、結城は処刑直前に自害するというようなことがあった。結城はこの時三十八歳であった。

結城は斉昭の寵愛を受けて小姓となり、二十二歳で早くも若年寄に就くなどとんとん拍子に出世する。けれど水戸藩屈指の名門だったことで門閥派重臣にかつがれ、やがて結城党と称する一派を形成し、改革派の前に立ちはだかった。とくに天保十五年の斉昭致仕謹慎処分のさい、側近ながら彼だけは処分を免れたため斉昭の激怒を買い、これで両者の反目は決定的となった。斉昭、藤田らの蟄居を機会に結城党は勢力を拡大し、改革派を凌駕した。

けれど謹慎解除に続き、ペリー来航を機に斉昭が海防参与となって幕政参与に就いたことで形勢は一気に逆転し、結城は知行地および屋敷の没収、蟄居となる。とはいえ幽閉中ながらなお長男や配下に命じて高松藩や古河藩に復権の斡旋を依頼する。その一方で結城は側医師の十河と結び、斉昭・慶篤父子の密殺をくわだてたというのだ。

慶篤の多難な舵取り

そもそも十三歳で襲封したことじたい藩主としての慶篤の多難さを暗示した。慶篤は大奥深くで養育されたせいかよく言えば温厚、悪くいえば優柔不断な性格だった。そのため直情型の斉昭と不和を生み、父子離反の要因ともなった。けれど父子喧嘩でとどまっているなら問題はさほど大きくないが、外国艦船が日本領海に出没するなど日に日に緊迫の度を深めるなかで盤石の、あやまりなき藩政の舵取りに臨むにはこの性格はわざわいし、むしろ不幸とすらいえた。この弱点は「戊午の密勅」や天狗党騒乱をめぐる対応に如実《にょじつ》に現れている。

前述したように、「戊午の密勅」とは安政五年（一八五八）八月、公卿万里小路《までのこうじ》正房《まさふさ》が水戸藩士鵜飼吉左衛門に授けた勅書をいう。勅書の趣旨は、大老、閣老はその他の三家三卿、家門、譜代、外様ともに群議評定して国内治安、公武合体、徳川家補翼などを強化し、外国勢力を排除せよというものだ。同時に万里小路は列藩一同に勅書を回達すべしとの別紙を添えていた。

同じ趣旨の勅書は二通作成され、水戸藩と幕府にそれぞれ下された。ただし水戸藩についてはは武家伝奏の万里小路から渡されたため正式な手続きを経てないことから「密勅」といわれた。

勅書作成には、嘉永七年三月、日米和親条約締結、これにともなう下田、箱館の開港容認を皮切りに英・露とも和親条約を結んだことを、勅許を得ずに幕府は独断で締結したとして孝明天皇が激怒し、譲位をほのめかしたため関白の九条尚忠が幕府にさきのような趣旨の勅書を通達することで慰撫したという背景があった。

水戸藩主慶篤は、鵜飼吉左衛門の息子幸吉が東海道を経て京都から届けた密勅を尾張、紀州両藩および三卿に回達した。そしてさらに列藩への回達を幕府に申し入れた。ところが老中間部詮勝《まなべあきかつ》は勅書回達に同意しなかったのみならず安政六年十二月にいたると勅書を幕府に返納せよとまで迫るのだった。

これを契機に勅書返納か回達かをめぐって水戸藩はますます騒然とした。それでなくても安政五年九月、大老井伊直弼の強権発動で端を発したいわゆる安政の大獄で、勅書伝達の使者であった鵜飼父子、茅根伊与之介、安島帯刀ら水戸藩士が切腹ないし死罪に処せられたことや、将軍家定亡き後の継嗣問題をめぐり一橋慶喜をしりぞけて紀州藩主の徳川慶福を独断決裁したことなどで、井伊大老に対する憎悪は尋常でなかった。

勅書返納すべきか否か。藩主慶篤は決断を迫られた。幕府からは返納要求がたびたび督促され、ついに老中安藤信正は返納日限を安政七年一月二十五日とする、と迫った。勅書返納反対を唱える士民が大挙して出府あるいは水戸街道の要所要所で気勢を上げ、藩庁に圧力を加える。片や会沢正志斎のように、血気にはやって回達に同意すれば藩の存亡にかかわる。ここは徳川宗家の要求にしたがってすみやかに返納し、恭順をしめすべきなど多様な声が慶篤の身辺を取り巻いた。

そのせいか、返納期限がすぎてもなお慶篤は踏ん切りがつかず、藩論分裂などを理由に幕府に猶予をもとめるありさまだった。この間勅書返納にかたむく慶篤に斎藤留次郎は水戸城内で諫死《かんし》の自決をはかる、あるいは水戸浪士による桜田門外の変などが勃発し、今度はこれらの善後策に追われ、勅書返納どころではなくなった。そんなこんなで結局万延元年（一八六〇）十月、幕府は勅書返納の期限緩和をもとめる慶篤の要請を容れ、以後返納督促はなく、曖昧なまま事実上終息した。

慶篤の優柔不断な姿勢は天狗党騒乱の対応にも現れ、無用な混乱や犠牲を招いた。慶篤は天狗党の行動を見殺しにしただけでなく、名代として派遣した頼徳が幕讒によって切腹に処せられることすら回避できなかった。このことが市川勢を増長させることになり、じっさい市川らは天狗党討伐に功績ありとして破格の加増に遇されている。

水戸藩内紛の激化は万延元年（一八六〇）八月の斉昭の死去で改革・門閥両派ににらみをきかす人物を失ったことや、慶篤の藩政運営の指導力欠如が原因した。そのため朝廷からは門閥派に完全に取り込まれていると指弾され、王政復古後の新政府参与には門閥派一掃が条件と、慶篤には厳しい達しがつきつけられる。

水戸藩はもはや朝廷に見放された、君側《くんそく》の奸《かん》に陥ったことを慶篤は悟らなければならなかった。そこで京都本圀寺に拠った長谷川作十郎らは「除奸反正」の勅書を得て市川勢追討、水戸城奪還に向かうとともに勅書を江戸の慶篤に渡すのだった。勅書は朝敵慶篤の汚名をそそいだ。慶篤は水戸に乗り込み、門閥派一掃をはかった。かくして水戸藩ではまたしてもひと波乱巻き起こるのだが、慶篤の水戸入りは襲封以来初めての就藩であったと同時に死出の旅でもあった。当初慶篤の江戸出発は慶応四年（一八六八）三月十日だった。けれど体調不良で十七日に延び、道中も、通常なら三日のところ五日を要した。そのため水戸城入りから二十日もたたない同年四月五日、三十七歳で逝去する。謚号は順《じゅん》公。

②最後の藩主昭武

欧州留学中の昭武、慶篤急死で最後の藩主に着座。
昭武、箱館戦争に水戸藩兵二百数十名も派遣、すくなからずの死傷者を出す。
将軍慶喜は大政を奉還し、朝廷に恭順の意を示し、水戸へ。

最後の藩主昭武襲封と内紛沈静化

慶応から明治へと改元して三カ月後の明治元年（一八六八）十一月、徳川昭武《とくがわあきたけ》は水戸十一代藩主を襲封した。けれど明治二年三月の版籍奉還によって藩知事と変わったため昭武は最後の藩主となり、藩主としての統治期間もわずか四カ月あまりだった。

昭武の藩主相続には、先代慶篤は嫡男篤敬《あつよし》を後継者としていたが、いまだ幼少のため尾崎為貴ら重臣は慶篤の死去を秘匿するとともに異母弟の昭武を継嗣との願書を幕府に提出し了承を得た、という背景があった。そのため昭武は慶応三年（一八六七）一月の渡仏以来留学中だったのを切り上げてヨーロッパから急遽帰国し、慶篤の跡を継いだ。襲封とともに昭武の前には、年来の抗争で破壊と混乱を

徳川昭武

もたらした内紛の沈静化、藩財政の立て直し、戊辰戦争の対応などなどただちに取り組まなければならない問題が山積していた。

「除奸反正」の勅書を得て東下した本圀寺派は水戸城を占拠していた市川三左衛門に攻撃をかけ、会津、さらに越後方面に逃走する市川勢を追撃した。水戸城奪還に成功したことで主要な門閥派は排除された。

昭武はさらに、内紛で離反した農民の信頼を取り戻すため貧困による子育て困難者の救済、農耕馬の無料貸し出しなどを実施したほか長寿高齢者、孝行貞婦、篤農家などを表彰し、いっそうの模範をすすめた。このような勧農策は単に財政再建だけでなく、戊辰戦争の態勢をととのえ、箱館出兵に備える意味もあった。農民を人夫や農兵として編制するには藩に対する農民の信頼や忠誠を得る必要がある。

昭武は軍制改革にも取り掛かった。これまでもいく度か取り組んではいたがそれは藩独自の判断によるものだった。けれど今回は明治政府が明治元年十月に制定した「藩治職制」にしたがうものだった。そこで水戸藩はまず政務と家務を分離し、藩主の職務を明確にした。さらに煩雑だった職制や部局、人事を再編し、政務、軍事、司農の三局に整理統合した。

軍事局は家老職を軍事総裁とし、この指揮下に衝撃隊、遊撃隊、軽鋭隊および各隊に付属する別隊を編制した。このほか大砲隊二個隊が設けられた。各隊は第一大隊から第六大隊まであり、一〇個隊をもって一個大隊とした。一個隊には四四人が加わった。大隊には遊撃、軽鋭各部隊が含まれ、いわば混成部隊をなしていた。神・僧職や農民、その他民間人は軽鋭別隊に編制された。各隊は大隊長が直接指揮した。

明治元年十一月、水戸藩にも箱館出兵が命令された。昭武はただちに出陣の準備に入った。

出撃今や遅しと手ぐすね引いていた水戸藩だった。ところが明治二年一月、出兵の必要なしとなった。五稜郭の陥落に見通しがついたとの理由からだった。

当初水戸藩には出兵の予定はなかった。明治政府は、慶喜のあと徳川宗家を引き継いだ徳川家達《とくがわいえさと》に幕府追討を命じたがまだ五歳の幼少を理由に慶喜が難渋した。そのため昭武が代役を果たすことになったのだ。いったんは出兵見送りとなったが、昭武は今度は自分のほうから出兵を要望した。これが認められて明治二年一月、昭武は軽鋭隊および大砲隊約二二〇名を箱館に派遣した。箱館戦争で水戸藩は九名の戦死者と一九名の負傷者を出し、同年六月十五日水戸に帰還した。

慶喜の大政奉還と将軍辞職

慶応三年（一八六七）十二月八日、徳川慶喜は将軍職を朝廷に返上し、辞職した。これによって二百六十年、連綿と続いた徳川政権は事実上終焉を迎えた。これが慶喜の最後の将軍といわれるゆえんだ。

慶喜の十五代将軍就任は慶応二年十二月五日だったからわずか一年あまりで退任したことになる。将軍職返上も前代未聞なら歴代将軍中在位期間がもっとも短い、短命政権であったことも前例がない。とはいえ慶喜は将軍就任時も退任時も波乱ずくめ、激動の一年だった。まず就任時についていえば、家定亡き後に浮上した将軍継嗣問題にさかのぼる。

身体に障害を持つ十三代将軍家定は後継者を残さずに逝去した。そのためわずか四歳で紀州藩主となった慶福を推す大老の井伊直弼ら紀州派と徳川斉昭の七男で一橋家を継ぐ慶喜を擁立する松平慶永ら水戸派が激突。結局井伊の剛腕にねじ伏せられて慶喜は将軍レースに敗れ、慶福あらため家茂《いえもち》の後見職★となった。

後見職を任命されたことで慶喜は幕政の表舞台に立った。けれど時局は日増しに緊迫し、楽観は許されなかった。勅使への答礼として文久三年（一八六三）三月、家茂は二百三十年ぶりに上洛し、攘夷鎖港を来る五月十日に決行すると朝廷に約束したからだ。幕府のこの約束は諸藩の攘夷派を鼓舞した。長州藩による下関海峡を航行する米・仏・蘭商船砲撃、薩摩藩による英国艦隊との交戦、あるいは水戸天狗党の筑波山挙兵などが相次いで勃発した。けれど薩摩・会津両藩および公武合体派がひそかに連携し、強硬な攘夷派の長州藩や三条《さんじょう》実美《さねとみ》ら七公卿を

斉昭・慶喜父子像（水戸市）

▼**後見職**
将軍後見職。幕末に新設された政事総裁職、京都守護職と並ぶ、幕府の三要職の一つ。

京都から追放するいわゆる八月の政変を断行したため、家茂はこれを幕権回復の好機とみて長州征伐に打って出た。

　ところが長征総督の尾張藩主徳川慶勝は恭順をしめす長州藩主毛利《もうり》敬親《たかちか》の謝罪を受け入れ、長州征伐は停止する。もっともこの後高杉晋作や桂小五郎ら攘夷派は再び勢力を盛り返し、慶応二年一月、坂本龍馬の斡旋で薩長同盟を結んだのを契機に藩論を倒幕へと統一してゆく。そこで将軍家茂は再度長州征伐を朝廷に奏上し、勅許をもって紀州藩主徳川茂承《とくがわもちつぐ》を長征総督として第二次長州征伐に踏み切った。家茂はこれらに加えてもうひとつ、朝廷と約束した攘夷決行と鎖港問題の処置を問われ、苦境に立たされていた。慶応元年九月には仏・米・蘭・英の四カ国艦隊が大坂湾に接岸し、条約締結および兵庫開港を迫っていたからだ。四面楚歌に陥った家茂は攘夷断行の約束を放棄し、四カ国の要求を容認するのと引き換えに将軍辞職を朝廷に申し出るありさまだった。後見職の慶喜の説得でこれは翻意したが、そのようななか慶応二年七月二十日、家茂は大坂城で死去。まだ二十一歳であった。

　いよいよ慶喜の出番と思われたが、慶喜はなかなか首を縦に振らず、将軍職を受諾しなかった。勢いにまさる長州藩の前に第二次長州征伐に敗れたことで倒幕運動に一段とはずみがついた、あるいは水戸藩では、慶喜が将軍に就任すれば、職権をもって門閥派一掃を強行するとの警戒心が市川三左衛門ら重臣を不安にさ

最後の将軍徳川慶喜の墓（台東区谷中）

せ、就任前に慶喜暗殺を、との噂が城下に広まるなど不穏な動きが慶喜の不承に影響していた。家茂の死去を機に慶喜は長征解除を朝廷にもとめ、認められたことを受けてようやく将軍職を受諾した。家茂死去から五カ月後の十二月五日であった。慶喜は駐日仏公使ロッシュの後ろ盾を得て軍艦購入など軍備増強をはかり、幕藩体制の立て直しに取り組むとともに将軍就任から二十日後の十二月二十五日には攘夷強硬派の孝明天皇が三十歳で死去したことで四カ国がかねて要求していた兵庫開港にもついに同意した。「ついに」といったのは、嘉永七年（一八五四）八月の日英和親条約締結で長崎、箱館、下田に続いて文久元年（一八六一）一月には新潟、同三年一月には兵庫などの開港がそれぞれ約束されていた。ただし兵庫開港容認は外夷による皇都の荒廃をまねくなどとして攘夷運動が激化したので、開港は七年延期された。それが慶応三年三月に迫っていたので慶喜は鎖港派の諸藩を押さえ、四カ国代表に対して同年十二月に開港すると確約し、五月十日には勅許を得て正式に決定させたからだ。

　薩長倒幕派にとって慶喜の開港決断はまったく予想外だった。そのため鎖港に固執する幕府をゆさぶり、兵庫開港を突破口に反幕運動をさらに強化し、一気に倒幕へというもくろみも狂いが生じた。けれどこの誤算がかえって平和的手段から武力行使の転換にもなった。朝廷内でも攘夷派から倒幕派に転向した三条実《さんじょうさね》愛《なる》、岩倉具視《いわくらともみ》、中御門経之《なかみかどつねゆき》らが王政復古を画策し、薩長両藩に倒幕の密勅を伝えるのだった。

かくして将軍慶喜や京都守護職の松平容保《まつだいらかたもり》は朝敵となった。それだけに武力倒幕に先手を打って前土佐藩主山内容堂が幕府に建白した大政奉還は慶喜にとって大きな助け舟になった。建白にもとづき幕府は朝廷に大政奉還の上表を提出する。慶応三年十月十四日であった。

「臣慶喜謹んで皇国時運の沿革を考へ候に――」の書き出しで始まる大政奉還上表は、徳川政権をいったん朝廷に返上し、列藩諸侯の合議で長に選出された者を将軍に、という慶喜の思惑もあった。大政奉還しても朝廷には政権運営の能力も態勢もないことを見抜いていたからだ。実際、十月二十二日、慶喜に対して朝廷はしばらくのあいだ政務を継続せよとの沙汰書を下している。けれど大政奉還の上表に関係なく倒幕の動きは加速していた。奇しくも上表が提出された十月十四日は薩長に倒幕の密勅が申し渡された日でもあった。時局の変化はますます急速だった。上表提出から十日後の十月二十四日、慶喜は将軍職を朝廷に返上している。これによって十五代、二百六十余年にわたる徳川政権は終わった。さらに十二月九日には王政復古の大号令が発せられ、摂政、関白、将軍職、京都守護職、京都所司代など幕府の重要な支配機構がことごとく廃止され、かわって総裁、議《ぎ》定《じょう》、参与の三職が設置され、名実ともに天皇を中心とするいわゆる天皇親政が確立する。

将軍職解任に続いて、慶喜には官位辞退と領地返上が申し渡された。これらの措置は倒幕派が画策したものだ。それだけに幕臣はむろん会津・桑名両藩は憤激し、ついに慶応四年一月の鳥羽・伏見の戦いに発展し、戊辰戦争へと突入する。

将軍解職後慶喜は京都二条城から大坂城へ移り、鳥羽・伏見の戦いで幕府軍が敗れたため大坂城を脱出し、軍艦開陽丸で江戸に向かった。江戸城に戻ったものの朝廷に恭順をしめすため上野寛永寺に移り、謹慎生活に入った。さらに四月十一日には水戸で引退生活するため江戸を立った。この江戸退去は朝命によるものだった。じっさいは四月十日に退去とされた。けれど病気を理由に翌日に延期した。四月十一日、この日倒幕軍は江戸城に入城した。慶喜が江戸退去を一日延ばしたのは、どうやらこの歴史的転換をしっかり見届けておきたいという思いがあったからに違いない。慶喜はまたしても七月には水戸から駿府（現・静岡市）に転居している。かくして慶喜は転居を繰り返し容易に腰が定まらないなか、七月十七日には江戸は東京と改称され、九月八日には慶応から明治に改元され、一世一元の制度が定められた。新しい時代の到来を国民は予感した。

旧弊と開国新政の狭間に立つ水戸藩

大政奉還、王政復古、将軍慶喜以下二七名の官位剝奪・領地没収などによって大勢は確実に攘夷から倒幕、さらに開国へと向かっていた。けれど水戸藩は雄藩でありながら大勢のおもむくところを見誤り、結局新時代に取り残されて埋没した。こうなった理由はさまざまあるが、やはり御三家であったこと、将軍慶喜を送り出していたこと、伝統的に尊王攘夷を基調とする水戸学に呪縛されていたこと、藩内抗争などで開明的な人材を失ったこと――が挙げられよう。それだけに京都に滞在する本圀寺派が時代の趨勢を的確に把握するとともに大局的観点に立って開国新政へと藩政を転換し、旧弊からの脱却をはかることがなぜできなかったのかと思わずにはいられない、そのようなチャンスはあったにもかかわらず……。本圀寺派は朝廷の命令で文久元年（一八六一）以来京都守護の任務に就き、慶喜が禁裏守衛総督に就くと指揮下に入り、慶喜が天狗党討伐で大津に出陣すると私兵のように動いた。そのため慶喜の将軍辞職につづく辞官によって内大臣の官位が剝奪されたことはまさに君側の奸に追いやられたことを意味し、慶喜をたのみとしていた本圀寺派の立場を微妙なものにした。本圀寺にはおよそ三〇〇人ほどの水戸藩士が在京していたが、朝命による上洛を理由に朝廷側につくべきとする者、慶喜をたのみとすることを挙げて幕府の方針に従うべきとする者、両論それぞれに一理あり、議論は紛糾した。

一方倒幕の意思を明らかにし、官軍に加わる者もいた。綿引富蔵、小室左門、あるいは香川敬三などがそうだった。なかでも香川は水戸藩出身者としては数少

大政奉還の図（部分）
（正徳記念絵画館蔵）

ない勝ち組といえた。香川は天保十二年(一八四一)十一月、常陸国上伊勢畑村(現・常陸大宮市)の郷士の子として生まれたのち同村の宮司の養子となって鯉沼伊織と名乗った。水戸藩主慶篤の上洛に随行し、京都本圀寺に入った。その後本圀寺を足場に諸藩の尊王攘夷派と交わるとともに洛北に蟄居中の岩倉具視に接近し、岩倉が大久保利通と仕掛けた王政復古を画策するなど手足となってうごいた。岩倉の信頼を得て戊辰戦争では具視の子である具定を総督とする東山道総督府大軍監として各地を転戦し、宇都宮出撃途中下総流山で陣を張っていた近藤勇を捕縛した。

近藤は戊辰戦争で鳥羽・伏見の戦いで敗れたのち江戸に逃れ、新選組を甲陽鎮撫隊と改編し、名も大久保大和と変えて甲府城奪還に向かった。ところが官軍の猛攻にまたも敗走し、流山に落ち延びた。けれど総督府副参謀の有馬藤太は近藤の人相に見覚えがあったためただちに捕らえ、近藤の身柄を鯉沼の前に引き連れた。鯉沼は近藤の処刑を強硬に主張し、板橋の刑場で斬首の刑に処した。

維新後鯉沼は宮中に入り、公卿香川家を継いで香川敬三と改名した。皇后宮大夫、枢密院顧問官、皇太后大夫など宮内官僚の要職を歴任し、明治二十年(一八八七)には子爵、同四十年には、水戸藩士としては唯一伯爵に叙せられた。

3 版籍奉還と水戸藩の終焉

パリ万博に幕府特使で派遣の昭武、欧州国王の拝謁に浴する。
斉昭が蝦夷を北海道と命名したように、北方開拓は水戸藩積年の悲願。
領地領民を朝廷に返還した昭武は水戸藩二百六十余年の歴史に幕を引く。

昭武ヨーロッパを行く

慶応三年（一八六七）一月十一日、清水徳川家の養子昭武は将軍慶喜の名代としてフランスに向かうため横浜港を出帆した。渡仏の目的は同年二月二十七日から開催されるパリ万国博覧会に幕府代表として参列するためだった。けれど昭武のパリ派遣の裏には、じつは本圀寺派の処遇対策という事情があった。

慶喜は前年十二月五日に十五代将軍および内大臣に就任し、直後の七日にはデンマークとの修好通商条約に調印している。すでにベルギー、イタリアなどとも同条約を交わしており、海外貿易は日増しにさかんになっていた。したがって欧米が要求する兵庫開港は避けられず、鎖港はむしろ時代の趨勢にあらがうこととといえた。ところが本圀寺派はそうではなかった。

パリ万博での昭武一行

本圀寺派は禁裏守衛総督就任以来慶喜の手足となり、慶喜が天狗党討伐に出陣すれば、同じ水戸藩の同士討ちになることを承知しながらもあえて慶喜に従った。ただし攘夷断行と鎖港、これだけはゆずれなかった。兵庫開港をやむなしとする慶喜にとって本圀寺派の処遇は厄介なものとなった。そのため国元に帰すことを考えた。

しかしこれも、門閥派が牛耳る水戸に帰せば紛争の新たな火種になりかねない。本圀寺派の扱いに苦慮する慶喜の助け舟になったのがパリ万博だった。幕府とフランスの関係はきわめて友好的であった。幕府は駐日フランス公使のレオン・ロッシュに外交、軍事、貿易通商、文化などに関する助言を受け、信頼関係を保っていたからだ。

幕府がフランスと友好的だったのは、長州藩に対してとったロッシュの柔軟な姿勢と関係していた。ロッシュはフランスの植民地であるアフリカで長らく外交官を務め、元治元年(一八六四)三月、駐日公使となって横浜に着任した。このころ、長州藩が前年の五月、下関海峡を通過する米・仏・蘭の商船砲撃に関する処理問題が起きていた。イギリス公使オールコックは武力行使も辞さずと強硬だった。これに対してロッシュは平和的解決を求めた。けれどオールコックの強硬論に押し切られてしまう。これを契機にロッシュは外交方針を幕府接近に転換し、イギリスなどとの違いをみせた。

レオン・ロッシュ

幕府に対するロッシュの好印象は着任直後からのものだった。それというのは元治元年十二月に送った本国政府の報告書で早くもロッシュは、「日本人は礼儀正しく聡明で、議論に巧みである。頑固であるものの理を尽くして説明すればよく理解してくれる。（略）日本人とフランス人の国民性はよく似ている。幕府の高官のひとりは、フランスが弱きを助け強きをくじく任侠の風があることをよく認識した」と書き送っているからだ。

友好国フランスで開催する万国博覧会に慶喜は参加を表明し、弟の昭武および京都本圀寺派の派遣を決定した。慶喜が本圀寺派の同行を決めたのは、洋行で海外の事情を見てくれれば、鎖港だの攘夷だのと旧習に固執する姿勢も改まり、ひいては水戸藩にも好影響を与えるとの期待があった。ところが本圀寺派だけでなく鳥取藩主の池田慶徳《いけだよしのり》までが昭武派遣に反対した。そこで慶喜は秘中の策をとった。それは、昭武を清水家に養子に出すことで水戸家とは切り離すというものだ。形式的にはこれで昭武のパリ派遣も本圀寺派の随伴も水戸藩とは関係ないものになる。むろんこれでも反発はあったが慶喜はかまわず昭武派遣を決断し、大井六郎左衛門、井坂泉太郎、三輪端蔵ら七人の本圀寺派を随伴させた。

パリ万国博覧会には幕府のほか薩摩・佐賀両藩が参加し、浮世絵や陶磁器などが出品された。この時薩摩藩は「日本薩摩琉球国太守政府」という名称を用い、幕府とは別のブースで展示する、あるいは独自に「薩摩琉球国勲章」を発行するなど、幕府との対抗意識を隠さなかった。

パリ万国博覧会には四二カ国が参加し、十一月三日までの期間中に延べで一五〇〇万人が来場するという盛況ぶりであった。昭武は開催期間中ナポレオン三世に拝謁し、閉幕後も引き続き幕府代表としてオランダ国王ウィリアム三世、イギリス女王ビクトリア、ベルギー国王レオポルド三世などに謁見し、欧州歴訪を精力的に展開するとともにパリ留学を果たしていた。このようななかで大政奉還、王政復古、さらには水戸藩主慶篤の訃報に接し、新政権から急遽帰国を命じられ、慶応四年八月、留学を中断して帰国の途についた。

これから数年後、昭武は再び海外渡航を果たしている。明治九年（一八七六）、米国で開催されたフィラデルフィア万国博覧会では明治政府の御用掛となって渡米し、閉幕後にはフランスに渡って再び留学生活を送り、明治十三年に帰国しているからだ。そのため明治も初期の時代に長期滞在し、海外の文物に接し、見識を深めた開明的な人物として昭武は高く評価されている。

昭武、北海道を探検する

版籍奉還によって旧来の藩主から藩知事へと改まった徳川昭武が、最初に手掛けた主な事業は、北海道開拓であった。水戸藩の北海道開拓事業はすでに二代藩主光圀時代に始まる。そのころは蝦夷と称し、光圀は快風丸を建造して貞享三年（一六八六）の初渡航を皮切りに翌年、翌々年と三回にわたって探検隊を派遣し、石狩川の沿岸住民と米と海産物を交換している。六代藩主治保の時にも武石民蔵、木村謙次らを送り込み現地住民と交易を結ぶなど、早くから取り組み、関心も高かった。

けれど領土的野心から蝦夷地開拓事業に乗り出したのは九代藩主斉昭だった。斉昭は天保五年（一八三四）十月、幕府に蝦夷地拝借の願書を提出し、天保九年五月には那珂湊の郷士大内利貞を蝦夷地調査に派遣している。この間には「山海三策」などを著し、蝦夷地を「北海道」と定めることを幕府に建議している。この建議は明治二年（一八六九）八月十五日、明治政府が「蝦夷地を北海道と改称する」と布告することで実現する。したがって昭武が探検に出発したのは明治三年三月であったから、蝦夷から北海道に名称が変わっていた。

昭武は明治二年五月、新政府が各藩に対して蝦夷地開拓について諮問したのを受け、ただちに答申している。それというのは、じつは慶応四年（一八六八）閏四月、新政府に蝦夷地開拓を要望したが、戊辰戦争の最中との理由で却下されていたからだ。そのため諮問は水戸藩にとってまたとない好機だった。水戸藩がおこなった答申はおおむね以下のようなものだった。――蝦夷地は一大荒野だが、諸外国との接点の場でもあり、防御を堅固にし、開拓植民を急ぐ必要がある。それには有力な鎮台や師団を設置し、有能な士、あるいは遊民を開墾屯田に従事させる。そのようにすれば北方の要塞となり、皇国の守護となることはいうまでもない――。

水戸藩の蝦夷地に対する長年の取り組みに明治政府も理解をしめし、明治二年八月、蝦夷地天塩《てしお》国に属する上川、苫前、天塩、中川、北見国の利尻郡の五郡の下付を認めるのだった。五郡のなかには利尻、天売、焼尻などの離島もふくまれている。

五郡拝領を受けた昭武は明治二年九月、清水尚兵衛、川崎縫殿之介、河合八三郎、岩間金平、西丸帯刀らほか人足一行を先遣隊として北海道に派遣した。これにつづいて昭武は開拓民の募集をおこない、領内から木挽き、大工、茅葺き、船大工、樵などの職人をあつめ、留守家族には手厚い給付を約束するのだった。

昭武自身も北海道渡航を希望していた。そのため開拓地の状況や北方防備の視察に関する許可願いを提出し、明治三年三月政府から認可された。昭武は陸路をとった。昭武のほか少参事藤田健二郎、監察大関俊徳、小監察坂部俊蔵ら四十数名が同行し、明治三年三月二十八日水戸を出発。太平洋の海岸線に沿って北上した。ただし一気に北海道に向かったわけではない。陸路ということもあり、仙台と盛岡でそれぞれ連泊しており、下北半島の突端である大間に到着したのは五月十五日であった。大間から船で津軽海峡を渡り、対岸の尻沢辺に上陸した。そこ

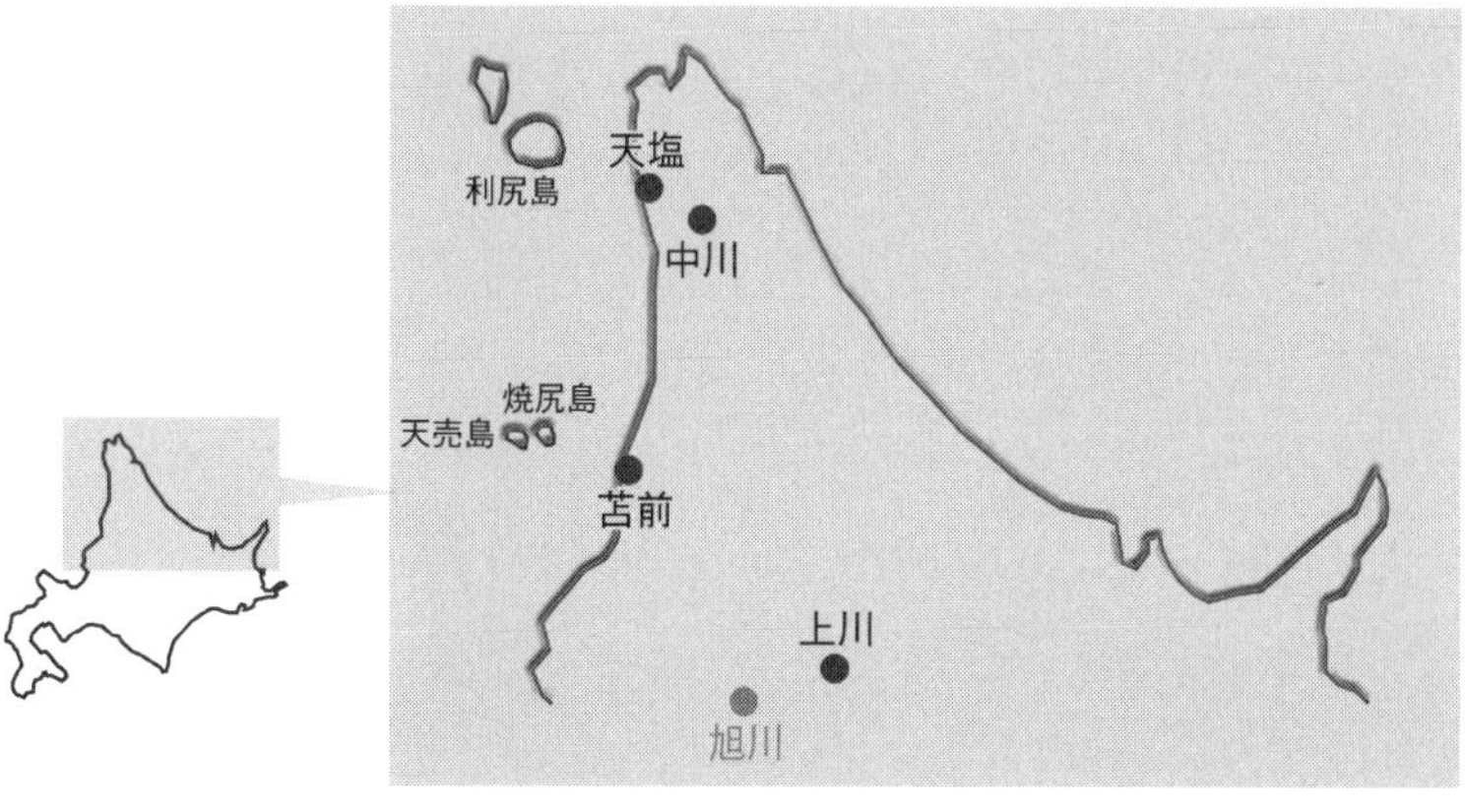

からまたも徒歩で箱館に向かい、その日のうちに到着し、その後二十四日まで滞在した。箱館から長万部《おしゃまんべ》に向かい、ここから日本海側に出て岩内に入り、積丹半島を左手に見ながら小樽、留萌を通過して最終地点の苫前にたどりついたのは六月五日、あらまし七十日、水戸から約三八九里（一五五六キロメートル）という長旅であった。道中、盛岡より以北は悪路がつづき、とくに北海道に渡ってからは難行苦行の連続であったという。

水戸藩の天塩五郡の開拓事業は漁業関連から開始した。漁場や船溜まりを整備し、水戸から同行した熟練の漁師らがさっそくあわび漁に取り組む。以後明治四年七月の廃藩置県にともない天塩国拝領が免じられるまで水戸藩の漁業経営は継続されるが、毎年赤字の連続だったようだ。

昭武が苫前に到着したころ、北海道はようやく雪解けの季節を迎えていた。長旅の疲れも癒え、川釣りや狩猟、あるいはスケッチを楽しむほか周辺のアイヌ集落を訪ねてはシクロイセ、サンチョ、レウタシテといった酋長と対面し、天塩五郡の領主であることを伝えるのだった。

時には天塩平野の北方にひろがるサロベツ原野、あるいは天塩川の上流に足を延ばすなど約二カ月間の滞在を満喫し、八月八日苫前を出発し、帰路につく。帰りは海路をとり、箱館からは米国船エリエール号に乗り、八月二十九日横浜港で下船した。

版籍奉還と水戸藩の終焉

水戸藩は明治二年（一八六九）三月版籍奉還を上表した。これによって徳川昭武は藩主から藩知事となり、領主から明治政府に仕える行政官吏となった。

明治政府は大政奉還、王政復古、将軍慶喜ら二七名の諸侯に対する辞官納地、さらに慶応四年（一八六八）二月には三職八局の官制を定める勅詔を発布し、「諸事神武創業の始」に依拠した天皇を中心とする中央集権体制構築が着々とすすめられていた。三職とは総裁、議定《ぎじょう》、参与をいう。三職の面々は総裁に有栖川宮熾仁親王が就任した。議定には中山忠能、仁和寺宮純仁親王、島津忠義、松平慶永のほか諸侯、皇族、公卿が就き、参与には公卿の岩倉具視のほか、後藤象二郎、桂小五郎、大久保利通ら土佐、安芸、薩摩など五藩から選抜された各三名の藩士が就いた。

官制は倒幕を目指したものであることは明白だった。そのとどめが版籍奉還であり廃藩置県だ。戊辰戦争で勝利した明治政府は佐幕諸藩の領地を没収ないし削減し、直轄地としたが、欧米列強に対抗し、近代国家建設を目指すにはさらなる支配体制強化が不可欠であった。そこでとられたのが諸藩の領地・領民を天皇に返す版籍奉還だった。明治二年一月まず肥前、薩摩、長州、土佐の四藩が連署してこれに応じた。その後諸藩も続き、三月末までにはあらかたが奉還を申し出た。

　水戸藩も応じている。とはいえ本来なら御三家であり将軍慶喜の縁故という立場から率先して応じるべきが三月末と遅れての対応となった。遅れた理由は明確でないが、ここでも藩是とする攘夷鎖港に拘泥していたこと、改革派と門閥派の対立が尾を引いていたことが影響したものと思われる。明治二年五月、明治政府の外国官から諸藩にしめされた鎖国開国に関する藩の統一見解のもとめに対して水戸藩は、昭武の名でこのように回答しているからだ。

「現在もっとも急務とするのは封建、郡県論であり、開港、鎖国論だ。国是を確定するにはこの四つをおいてほかにない（略）郡県封建制についてはしばらく現在のままで、弊害を取り除くほかないが（略）開港鎖国論については斉昭以来憂慮し、持論を建白してきたが、国体は尊厳にして夷狄を近づけず、邪教は信じべからざるもの（略）」

　さらに皇道復興、外交通商、財政問題などに関する政府の下問についても水戸藩の見解は明快だった。つまり尊王攘夷の立場から天皇親政を奉じ、封建体制の維持を建言している。したがって外交問題についても、神州のなんたるかを知らしめ、君臣一致と国体の尊厳を明らかにして皇威発揚をもって諸外国を制するとしている。この見解にもとづけば水戸藩が郡県制度採用に理解をしめす和歌山藩に異を唱え、封建制維持に肯定的なのは当然だった。宍戸藩や府中藩の連枝も水戸藩の見解に歩調を合わせ、大政奉還も本家にしたがっていた。

大政奉還はされたものの領地支配は従来通り藩権力が押さえており、明治政府の政権基盤はまだまだ脆弱だった。じっさい反政府的動きも少なからずあり、高崎藩、富山藩などでは世直しを訴える農民一揆が勃発していた。身分制度の改変によって不平士族の出現も不安要因だった。大政奉還で封建制度の撤廃に取り組む政府は大名や公家を華族、一般の武士を士族、農工商を平民とし苗字も許した。これらによって武士は身分的特権を失ったうえに棒禄も削減され行き先不安にかられた。

水戸藩でも、依然として不安要因は消えなかった。門閥派を駆逐した本圀寺派が藩権を掌握したが、それでも門閥派につらなるものは少なくなかった。そのため藩知事となった昭武は水戸赴任にあったて政府に、水戸は僻地のうえに元来頑固な国柄。二百年来の旧弊を一新するとなれば反抗するものもあり、武力鎮圧もあり得ることを承知されたいとの願いを出している。

時代の変革期には新しいものと旧来のものとの摩擦やせめぎ合いは避けられない。そこで政府は明治四年七月廃藩置県を発動した。版籍奉還だけでは強固な藩権力が障害となり、中央集権体制の徹底が困難とみた政府は一挙に藩を廃止して県を設置した。これと同時に従来の府藩県三治制も廃止し、藩知事を罷免して東京に召還し、かわって新たに県知事を任命して行政にあたらせるのだった。これによって藩が消滅し、我が国には新しく三府三〇二県が誕生した。

明治四年七月十四日をもって初代頼房以来十一代昭武まで続いた水戸藩も事実上消滅し、水戸県が設置された。さらにこのあとも県の統廃合がおこなわれ、四カ月後の同年十一月十三日には水戸県から城県に改称され、藩限りの行政から県全体へと行政範囲も拡大され、城県は新たな体制で再出発した。

昭武は藩知事を罷免後向島小梅町の下屋敷に転居した。明治九年に陸軍少尉に任官するなどしたが、同年米国フィラデルフィア万国博覧会が開催されると政府の御用掛となって渡米し、米国からさらにフランスに渡り、明治十三年に帰国するまで再び留学生活を送った。帰国後の明治十六年には兄慶篤の長男である篤敬《あつよし》に家督を譲り、静岡市で隠居生活を送る慶喜との往来を頻繁にし、慶喜ともども写真、狩猟、自転車、乗馬など多彩な趣味を楽しみ、明治四十三年（一九一〇）七月、五十八歳の生涯を閉じる。諡号は節公《せっこう》。

エピローグ

水戸藩士民への約束

明治四年（一八七一）十一月十三日、城県が発足し、翌五年一月には弘道館に県庁が開設された。これは明治四年七月の廃藩置県による措置だ。城県は城、真壁、久慈、那珂、多賀の五郡が統廃合し、初代長官に元幕臣の山岡高歩（鉄舟）が着任した。けれど山岡は二十日たらずで水戸を去り、旧水戸藩家老山口正定が長官を継いだ。郡の統廃合はさらにすすみ、現在の城県域が確定するのは明治八年五月のことであった。

明治新政府は廃藩置県で町村合併をはかり、中央集権化を急いだ。とはいえそれは藩から県にかわったにすぎず、肝心の執政人事は元水戸藩家老の山口をはじめ権大参事に三木三太夫、梶俊秀、少参事に野村鼎実、権少参事に藤田任、酒泉直らいずれも桜田門外の変、あるいは西上する天狗党の京都入りを阻止した本圀寺派《ほんこくじは》ら旧藩時代の者が横滑りし、封建支配がそのまま続いた。

つまり器は新しくなったものの中身はさして変わらないということだ。じっさい維新後も天狗・諸生の対立構図は尾を引き、諸生党の朝比奈弥太郎、市川三左衛門らに対する報復は明治に入ってからも続くありさまだった。天狗・諸生の抗争にもうひとつ、不平士族が新たに加わったから水戸の政情不安、民心動揺はさらに高まった。

廃藩置県は、当節風にいえばいわゆる行政改革であった。そのため余剰士族を生み、失職の原因ともなった。とりわけ水戸の場合、藩内抗争で減少した士族を足軽など卒族で補充した経緯がある。けれど彼らも無役となったことで生活難から不満がつのっていた。なにしろ千石取りの上士の伜が神楽舞になったり、うなぎの串けずりで糊口をしのぐありさま。やり場のない鬱憤に不満をつのらす士族は無頼のやからとなって街中にたむろしていた。水戸市中の荒廃した様子を評して明治五年五月の『郵便報知新聞』はこのように伝えている。

「城県下は故水戸城下の風習兎角に除去し難く、政令を蔑如し、管内の風なりと自称し、袴を穿き、双刀を帯び、市人といえども同様の姿にて、道路往来の間に訛音大声にて詩を吟じ、些少のことも多くは疎暴の振る舞いにして甚だ固陋の風習なり」

明治四年から六年にかけて山岡、山口に続いて野村素介、橋本正人、渡辺徹、関新平と県のトップが次々と入れ替わったのもこのことと無関係ではなかったろう。つまり「固陋の風習」による「政令蔑如」水戸士民の〝水戸っぽ気質〟は中央政府の権威をもってしても治めきれないということだ。

したがって大蔵大丞渡辺清が県令心得として東京鎮台兵二個小隊を引き連れてやってきたのも、水戸のこのような特殊な事情を考慮したものだ。県下に不穏な動きがあればただちに小隊を動員し、鎮圧するということだ。

じっさい渡辺が赴任して間もない明治五年八月二十三日、不穏分子による事件が起こった。水戸城放火事件だ。

渡辺清は旧大村藩士だった。尊攘派として慶応二年（一八六六）八月、洋式軍備で編制した新精組を結成して上京し、御所・乾門の警備にあたった。戊辰戦争では奥羽追討総督参謀として従軍し、軍功著しく、永世禄四五〇石の栄誉に浴すると共に渡辺は、明治四年大蔵大丞に就き、水戸にやってきたのであった。そのためおそらく渡辺は馬の手綱を取り、意気揚々とやってきたに違いない。

けれど水戸っぽにしてみれば他藩の者の指図など受けたくないという自尊心がある。そこへもってきて渡辺は来県と同時に旧水戸藩士族を執政から一掃し、中央から呼び込んだ役人に入れ替えるという荒療治に出たからたまらない。これが三木や酒泉ら旧藩士の憤激に拍車をかけ、「渡辺、なにするものぞ」――とばかりに水戸城に火を放ち、大手門などを焼失するのであった。水戸城放火事件の容疑者は一〇〇名におよぶ。このうち三木、酒泉ら一七名が東京に身柄を移され、収監されたのだった。

旧士族の不平不満は、欧化政策をいそぐ中央政府に取り残されたという屈辱とないまぜになって屈折した感情を抱いていた。それだけに何かのきっかけがあればいつでも暴発しかねない危険性をはらんでいた。明治九年三月の廃刀令、同年九月の俸禄廃止はじじつその発火点となった。明治九年十月、神官の太田黒伴雄が同志二百余名を率いて熊本鎮台を襲撃した敬神党の乱を契機に宮崎車之助による福岡県の秋月の乱、前原一誠による山口県の萩の乱が相次ぎ、そして明治十年二月には西郷隆盛らによる西南戦争が勃発した。水戸でも、西南戦争に触発された不平士族の決起が懸念され、巡査らによる治安強化がはかられた。

治安対策上からも失職した士族の授産対策は待ったなしであった。明治十六年五月の『地方巡察復命書』によると、明治十三年十二月現在における旧水戸藩の士族数は郷士を含めて三五四四人であった。ついでに記しておくと、旧笠間藩は六四四人。旧古河藩は四五六人。旧土浦藩は八九九人であった。藩が消滅したことでこれらの士族が糧道を断たれたのだ。そこで取られたのが学校の教員、郡役所の職員、帰農、あるいは巡査などであった。

明治初期の城県内における未開墾地は広大であった。版籍奉還で朝廷に返上した旧領地の払い下げ、ないし貸し下げ合わせて六二七三町五反に達し、全国のほぼ三割を占めていたという。これを開墾し、茶や桑を植える。あるいは放牧場にすれば士族の雇用につながり、不平不満の緩和にもなる。そのため旧水戸藩士たちは有恒社、開墾義社、就産社などの開墾事業を組織し、放牧、養蚕などに取り組むのであった。

俗に、巡査には城出身者が多いといわれている。このようにいわれるのは、旧水戸藩士族が警視庁の巡査に多数採用されたことに由来しよう。

明治七年一月十五日、内務省の中に東京警視庁が設置され山路利良が長官に就いた。内治派に敗れた征韓論派の西郷隆盛が政界を去り、鹿児島県に帰郷するのにおよんで多数の巡査が行動を共にしたため東京の警備が手薄になり、治安の悪化が懸念された。その穴埋めとして旧水戸藩士族が採用された。

明治七年二月から明治十年四月までに採用された巡査人員は約一三〇〇名におよんだ。このほか城県内の警備にあたる巡査も募集され、明治十年六月から八月にかけて一七〇名が巡査に採用されている。

かたや大小の刀から鍬、鎌に、かたや棍棒腰縄にそれぞれ持ち替え、困窮や将来に不安をもちながらもとにかく再出発をはかる旧水戸藩士族たちであった。

それに引き換え水戸十一代藩主徳川昭武は、慶応三年一月、将軍徳川慶喜の名代としてパリ万国博覧会に渡欧したのに続いて明治十年、二度目のフランス留学に出発し、西南戦争で騒然とした世情からはるか遠いところで渡欧の船旅を満喫していた。

あとがき

　ご存じのように水戸藩は尾張藩、紀州藩とならぶ徳川御三家のひとつ。けれど水戸藩からは将軍が立てられず、六十二万石の尾張藩、五十六万石の紀州藩にくらべて三十五万石と石高が低く、そのため水戸藩に対する印象はいまひとつ弱い。

　歴史に「もし」はないという。けれどもしこの時代に「尊王攘夷」思想がなかったとしたら日本は一体どうなっていたか、これを考えてみるのは無駄ではないと思う。紙幅の関係で多くは述べられないため結論を先にいえば、欧米列強による殖民地化は必至だったに違いない。幕府も諸藩もハイテク装備で固めた欧米列強に対抗できる軍事力はなかった。それを水際でくい止めたのは、水戸藩をはじめ諸藩が攘夷論で統一したからだった。

　もっとも他藩も大同小異に違いない。江戸時代は鎖国政策をとっていたため外勢の脅威に悩むことはなく、内戦も起こらず、おおむね平穏な歴史を経てきた。そのため腕力、知力、胆力で勝ち上がる戦国武将のような際立つ人物を必要としなかった。むしろ融和、恭順が尊重されたから突出した行動はとらせなかった。いまようにいえば〝横ならび〟こそ美徳だった。だから水戸藩だけが影が薄いわけではなかった。

　ただしその協調体制にも嘉永六年（一八五三）六月、ペリー提督率いる米国艦隊の江戸湾投錨を契機に亀裂が生じ、日本の歴史は一大転換を迎える。開国開港を迫る欧米列強の艦砲外交に二百六十数年の幕藩体制は国際競争のウズに巻き込まれてゆくからだ。

ここにおいて水戸藩の存在が一気にクローズアップされる。水戸二代藩主光圀以来藩是ともなった尊王攘夷論が時代のうねりとなって世論を喚起し、諸藩の尊攘派有志の思想的バックボーンとなって社会変革の原動力になった。そのため水戸藩からは有為な人材が多く輩出し、激動する時代の舵取りをになった。したがって幕末維新あるいは日本の近代化に先鞭をつけたのは水戸藩といえなくもない。

けれど開国開港はもはや時代の趨勢。そのため攘夷論だけではいずれ破綻する。そこでもうひとつ支えになったのが尊王論だ。古来より君民統一の権威としてある天皇を奉戴することで民族自立の精神を強化したのだ。

攘夷論で欧米列強の武力外交に抗し、尊王論で欧米思想を凌駕する。このように考えると、尊王攘夷思想の存在しない日本の存立、はたして可能であったかどうか。それだけに尊王攘夷発祥の水戸藩の輝きはいっそう増す。

それにもかかわらず水戸藩が明治の新時代から取り残されたのは、外に向けるべき変革のエネルギーを藩内抗争についやし、自壊の道をたどったからだ。水戸藩の悲劇的な終焉は皮肉にも新時代を告げる序曲でもあった。このような水戸藩の起こりから廃藩にいたるまで、そのときどきのエピソードなどを加えながら本書は歴史読み物風にまとめてみた。

参考文献

『水戸市史』（中巻一・二・三・四・五）
『西山随筆』
『桃源遺事』
『水戸学の研究』名越時正著
『水戸学精髄』関山延編・図書刊行会
『維新水戸学派の活躍』北条猛次郎著・図書刊行会
『藤田東湖』鈴木英一著・吉川弘文館
『覚書　幕末の水戸藩』山川菊栄著・岩波書店
『茨城の剣道史』中村広修著・暁印書館
『茨城の芸能史』茨城文化団体連合編
『茨城百姓一揆』植田敏雄編・風濤社
『越訴』長須祥行著・三一書房
『元治元年・下一・二』関山豊正著
『波山始末』復刻版・史談会
『天狗党始末記』上村健二著・善本社
『筑波義軍旗挙』渡辺宏著・筑波書林

資料・写真協力

茨城県立歴史館
水戸市立博物館
常磐神社
水戸市観光課
水戸市観光協会
水戸市商工会議所
常陸太田市本山久昌寺
岡山後楽園事務所

岡村青（おかむら・あお）
一九四九年、茨城県生まれ。ノンフィクション・ライター。著書『血盟団事件』（三一書房）、『森田必勝・楯の会事件への軌跡』『毒殺で読む日本史』『「絶倫」で読む日本史』（以上、現代書館）、『地域の活性化は矢祭町に学べ』（彩流社）など多数。

シリーズ藩《はん》物《もの》語《がたり》 **水戸《みと》藩《はん》**

二〇一二年十一月二十五日　第一版第一刷発行

著者――岡村青
発行者――菊地泰博
発行所――株式会社　現代書館
東京都千代田区飯田橋三―二―五　郵便番号102―0072　http://www.gendaishokan.co.jp/
電話03―3221―1321　FAX03―3262―5906　振替00120―3―83725
組版――デザイン・編集室エディット
装丁――中山銀士＋杉山健慈
印刷――平河工業社（本文）東光印刷所（カバー・表紙・見返し・帯）
製本――越後堂製本
編集――二又和仁
編集協力――黒澤　務
校正協力――岩田純子

江戸末期の各藩

松前、八戸、七戸、黒石、**弘前**、**盛岡**、**一関**、秋田、亀田、本荘、秋田新田、仙台、松山、**新庄**、**庄内**、天童、長瀞、**山形**、上山、**米沢**、米沢新田、相馬、福島、**二本松**、三春、**会津**、守山、棚倉、平、湯長谷、泉、**村上**、黒川、三日市、**新発田**、村松、三根山、与板、**長岡**、椎谷、**高田**、糸魚川、松岡、笠間、宍戸、**水戸**、下館、結城、**古河**、下妻、府中、土浦、麻生、谷田部、牛久、大田原、黒羽、烏山、喜連川、**宇都宮・高徳**、壬生、吹上、**足利**、佐野、関宿、高岡、佐倉、小見川、多古、一宮、生実、鶴牧、久留里、大多喜、請西、飯野、佐貫、勝山、館山、岩槻、忍、岡部、川越、沼田、前橋、伊勢崎、館林、高崎、吉井、小幡、安中、七日市、飯山、須坂、**松代**、**上田**、**小諸**、岩村田、田野口、**松本**、諏訪、**高遠**、飯田、金沢、荻野山中、小田原、沼津、小島、田中、掛川、相良、横須賀、浜松、富山、加賀、大聖寺、郡上、高富、苗木、岩村、加納、大垣、高須、今尾、犬山、挙母、岡崎、西大平、西尾、吉田、田原、大垣新田、尾張、刈谷、西端、長島、**桑名**、神戸、菰野、亀山、津、久居、鳥羽、宮川、彦根、大溝、山上、西大路、三上、膳所、水口、丸岡、勝山、大野、**福井**、鯖江、敦賀、小浜、淀、新宮、田辺、紀州、峯山、宮津、田辺、綾部、山家、園部、亀山、福知山、柳生、柳本、芝村、郡山、小泉、櫛羅、高取、高槻、麻田、丹南、狭山、岸和田、伯太、**豊岡**、出石、柏原、篠山、尼崎、三田、三草、明石、小野、姫路、林田、安志、龍野、山崎、三日月、赤穂、鳥取、若桜、鹿野、津山、勝山、新見、岡山、庭瀬、足守、岡田、岡山新田、浅尾、松山、鴨方、福山、広島、広島新田、高松、丸亀、多度津、西条、小松、今治、松山、新谷、大洲、吉田、**宇和島**、徳島、**土佐**、土佐新田、**松江**、広瀬、母里、浜田、津和野、岩国、徳山、長州、長府、清末、小倉、小倉新田、福岡、秋月、**久留米**、柳河、三池、蓮池、唐津、**佐賀**、小城、鹿島、大村、島原、平戸、平戸新田、中津、杵築、日出、府内、臼杵、**佐伯**、森、**岡**、熊本、熊本新田、宇土、人吉、延岡、高鍋、佐土原、飫肥、薩摩、対馬、五島（各藩名は版籍奉還時を基準とし、藩主家名ではなく、地名で統一した）

★太字は既刊

シリーズ藩物語・別冊『それぞれの戊辰戦争』（佐藤竜一著、一六〇〇円＋税）

江戸末期の各藩
(数字は万石。万石以下は四捨五入)